社員が辞めない、ワクワクする職場

「働きがいあふれる」チームのつくり方

前川　孝雄

Maekawa Takao

ベスト新書

528

はじめに

NHK放送文化研究所が、1993年から参加している国際比較調査グループISSP(International Social Survey Programme)の2005年の調査によると、日本で働く人たちの仕事の満足度は、世界32カ国の地域中28位という低さです。最新の2015年の調査では、世界ランキングは周知されていないものの、2005年の満足度合計が73％から2015年では60％に下がっていることから、相変わらず世界最低レベルであると推測できます。その他、日本で働く人たちの会社や仕事に対する満足度は、世界的に見て低くなっているという調査結果が後を絶ちません。仕事人生を謳歌し、経済的な豊かさを手にしてきた年配の方々からすると驚かれるかもしれませんが、これは現実です。いったい何がこの国で働く人たちの仕事の満足度を下げているのでしょうか。

一つ目の仮説は、働きにくい職場環境です。長時間労働や辞令一つで転勤や異動も余儀なくされ、家庭を顧みず働かざるを得ない状況は、仕事の満足度を下げているかもしれません。そんな状況下、ワークライフバランスという言葉が広まって10年も経《た》つでしょうか。

人口減少のなかで女性や高齢者などからも働き手を増やすために、政府は長時間労働を問題視し、企業に労働時間を減らすよう指導を強化しています。安倍晋三首相自ら育児休業を3年まで延長するべきだと発言するなど、家庭の事情で休みを取りやすくしようという動きも活発です。呼応するように、多くの企業で働き方改革の名のもと、産休・育休・介護休暇が取りやすいようにしたり、在宅勤務を可能にしたり、勤務時間も減らす動きが盛んです。ここ数年、この国では、官民あげて働きやすい職場づくりに躍起になっています。

働く人たちにとって、ワークライフバランスに配慮される、これらの動きは歓迎すべきことではあるのですが、長年、企業内人材育成を手掛ける会社を営み、働く人の生の声を聴き続けてきた私には、どうもバランスが悪いような気がしてなりません。誤解を恐れずに言うと、ときとして向上心をもって働きたい人たちにとって見当違いの施策が跋扈《ばっこ》しているようにも感じるのです。

もちろん、働きやすい職場環境は重要なのですが、今、本当に求められているのは、働きやすさだけではないと私は考えています。

なぜか？　私が聴いてきた、働く人たちの悩みをいくつかご紹介しましょう。

「ひと昔前と比べると残業時間も減り、早く帰れるようにはなってきたものの、仕事に打ち込みたいときでも強制的に帰宅を余儀なくされ、早く帰ってもすることがないため、逆に毎日に張り合いを感じられなくなってしまった」

「若手のうちは仕事にのめり込んで成長していくものだと思うのだが、最近入った新入社員はワークライフバランスが大事と、ちょっとした残業や出張も拒む。会社の方針もあって、無理を強要するとパワハラ扱いにもなりかねないため、どう育てたものか頭が痛い」

「育児休暇明けに時短勤務で職場復帰したところ、サポート的な仕事の担当を命じられた。たしかに、仕事の負荷は下がったものの、キャリアダウンしてしまったようで、毎日やりきれない」

「週に一度は在宅勤務をするように厳命があったため、自宅で仕事をするようになった。しかし、ただでさえメールコミュニケーションが増えて、同僚が何をやっているかわからなくなってきていたのに、一層、職場での一体感が薄れていくように感じる」

「職場のコミュニケーション不足が気になっていたので、『たまには一杯行くか？』と部下に声をかけたところ、『それは業務命令ですか？』と返され、げんなりしてしまった。昔なら、上司に誘われたら勉強になる機会でもあるので、無理してでもついていったものだが……」

いかがでしょうか。真面目に仕事に取り組んできた人ほど、心当たりのある方も多いのではないでしょうか。働きやすさだけを追求しても、仕事の満足度は高まらないのです。

本書のなかで詳しく説明しますが、残業が減ったり、在宅勤務ができたり、転勤に配慮されるなど、働きやすさが改善されるだけでは、不満は減っても、仕事の満足度は高まりません。むしろ、ぬるま湯環境に浸り、個人のキャリアは停滞すらしかねません。また従業員の権利意識ばかりが助長され、会社や社会の成長を阻害するリスクすらあるのです。

では、何が問題なのでしょうか。次なる仮説は、収入が安定して増えていかないことです。バブル崩壊以降、長く続いたデフレ経済のもと、企業業績が低迷し、給料がなかなか上がらない状況が続いています。ここ10年ほどはボーナスなどが減り、年収が下がったという人も少なくないでしょう。パートやアルバイトや派遣など非正規雇用で働く人たちも増え、安定した収入を得にくい人も増えています。

そこで、政府は国全体として、生産性を高めながら、現在500兆円ほどの名目GDPを、2020年頃に600兆円まで成長させようという目標を掲げています。ここ数年、安倍政権は企業に賃上げ努力をするよう圧力もかけています。結果、経団連所属の大手企業を中心に、賃上げが続いています。また地域限定正社員という雇用形態や転勤のない正社員も生まれるなど、非正規雇用者を正社員化する動きも盛んです。

業績向上、成長を志向し、それによって従業員の士気は高まるものだ、と考える経営者も少なくありません。私たちは資本主義社会のルールのもとで働いていますので、低成長下では、仕事の満足度が高まるはずはないと、考える気持ちもわからなくはありません。

しかし、単純に安定してお金をたくさん稼げるようになれば、働く人たちの仕事の満足度が上がるものでもなくなってきています。戦後の貧しかった時代から、成熟社会の現代に至る過程で働く人たちの価値観は如実に変わってきています。これも、私が聴いてきた声をいくつかご紹介しましょう。

「高い業績目標を追いかけ、ライバルたちを尻目に達成し続け、会社から相応の評価も得て給料も増えてきた。にもかかわらず、ライバルである同僚ともギクシャクしはじめ、次から次へとハードルが高まっていく目標に、どうも昔のように燃えられない」

「目をかけてきた部下が家庭を持ち、何かと物入りなようだ。仕事ぶりも評価できるため、昇進させるべく人事部や上層部への根回しに腐心していた矢先、当の部下本人から『あなたのような管理職にはなりたくない』と宣言されてしまった。昇進すれば収入も増えるという親心もあったのだが、自分が積み上げてきたキャリアは何だったのかわからなくなってしまった」

「新しい事業方針に沿って動くことで、確かにお得意様に喜んでいただき、業績も高まったが、それによって地域住民からの苦情も増え、その気持ちもよくわかるため、業績向上に沸く社内のムードについていけない」

「コスト削減の大号令のもと、取引先企業に値下げ要請をのんでもらい、上司から『よくやった』と労《ねぎら》われ、社内表彰されインセンティブももらえた。しかし、その後、取引先企業でリストラが行われたことを知り、後味の悪さに寝つけなくなってしまった」

「世間的には、勝ち組のグローバル企業とみられる会社に勤め、結婚相手のご両親からも『立派な会社にお勤めになられて』と安心されるが、短期業績とポストの奪い合いに終始する経営陣のもとで、どこまで辛抱して働けるか自信が持てない」

いかがでしょうか。この本のタイトルに心が動き、手にしたあなたなら、心当たりがあるのではないでしょうか。

もちろん、業績向上などで安定してお金を稼げるようになることは、企業がつぶれず、働く人たちが生活していくためには必要なのですが、それのみで、仕事の満足度が上がるわけではなさそうです。

実際、地方のあるコールセンターでは、安定雇用を保証するべく現地採用者を全員正社員化したものの、そのうち２４０人が従事する新規販売業務が終了したため、別の部署への異動を促したところ１３７人が自主退職したといいます。

ある上場企業の取締役と意見交換した際、こんな心情を吐露《とろ》されたこともあります。

「前川さんが羨ましい。ベンチャー企業経営は大変かもしれないけれども、自分が本当にやりたい人材育成の仕事を気の合う仲間たちとやっていて、楽しそうだ。それに比べて、株主の手前、財務諸表の前年比ばかり気にして、数百人いる従業員の顔すら覚えられていない私は、一体何をしているんだろうか。私も本当は人材育成がやりたかったんだが……」

人もうらやむ出世街道のトップをひた走る方の本音に、働く幸せとは何かを考えざるをえませんでした。

また、急成長したＩＴベンチャーのある取締役は、高額の報酬を得ていたにもかかわらず、突然退任し、地方議会議員に立候補しました。なぜか？

「スマートフォンに提供するゲーム事業が大当たりして、順調に会社は成長。私自身も高額の報酬を得られるようになりました。でも、ある夜、うちに帰って娘の寝顔を見た際に、この子と同じような無垢な子どもたちの射幸心《しゃこうしん》をあおって稼いで、俺の人生はそれでいいのかという自戒の念が出てきたんです。その気持ちは収まるどころか、ゲーム事業の収益で倍々伸びる業績とともに、抑えられなくなってしまったんです。一度きりしかない人生、子どもたちの未来のためになる仕事をしよう。そう思って立候補したのです」
お金儲けに走ってギラギラしていたときと比べて、すっきりした表情が印象的でした。

こうした声を聴き続けるなかで、私は確信しています。働く人たちの仕事の満足度が高まらない最大の理由は、「働きがい」を得られていないことです。今、この国で働く人たちが本当に求めているのは「働きがい」なのです。もちろん、働きやすさやお金も仕事の不満を減らす一因にはなりますが、満足を高める決定打にはならないのです。

働きがいとは、働く甲斐があることであり、デジタル大辞泉によると、「働くことによって得られる結果や喜び。働くだけの価値」です。「働」という字の意味は「人のために動く」と解釈できます。

「働く」ことは、「傍《はた》を楽にする」という説もあります。そうすると、「働きがい」は「人のために動く喜びを感じられる」ということだと思います。ちなみに『常用字解』（白川静／平凡社）によると、「働」という字は農耕に従事することを意味した「動」をもとに、日本でつくられた字だそうです。強く働きがいを求める気持ちは、思いやりやおもてなしなど和を大切にする日本ならではは価値観なのかもしれません。

ゆえに、この働きがいとは、一人で黙々と働くだけでは得にくいものです。自分が懸命に働くことで、誰の役に立っているのか。喜んでいただけるのか。さまざまな人に感謝され、よりよい世の中をつくっていくことにつながっているのか。仲間とともに失敗を悔しがったり、ともに成果を喜び合えるのか。また、子どもたちに胸を張って誇れる仕事なのか……。これらは全て、人と人の関係性のなかで、コミュニケーションを通じてこそ得られるものです。前述の仕事の満足度が上がらない働く人たちの悩みも、すべて人と人の関係性のなかでのコミュニケーションの葛藤やモヤモヤをあらわしたものばかりです。働くうえでのコミュニケーションで大きなウエイトを占めるのは、職場のコミュニケーションです。職場のコミュニケーションが変わることで、働きがいも得られるのです。働きやすい人事制度や給料アップは個人単位で受け止められますが、働きがいを高める鍵は、一緒に働くチームが握っているのです。つまり、働く人たちの働きがいを高め、この国の働く現場に蔓延し続けてきた閉塞感を打破する鍵は、「働きがいあふれる」チームをつくっていくことなのです。

私の営む株式会社ＦｅｅｌＷｏｒｋｓは「働く個人が元気になれば、職場も会社も元気になる」をスローガンとする人材育成支援企業で、リーマンショックの起こった２００８年に創業しました。以降、８年半で３００社近い企業や団体の「人が育つ現場」づくりを支援してきました。うちのコンサルタントや人材育成プロデューサーたちは、現場にどっぷり入って、上司と部下、経営と現場、男性と女性、正社員と非正社員など立場の違う人同士のコミュニケーションを紡ぐことを通して、学び合える風土づくりに勤しんできました。ここでの重要な要素は、やはり一人ひとりの働きがいの再興です。

全国津々浦々、大企業から中小企業まで多くの経営者・人事責任者とお会いするなかで、短期的にはよかれと思ってとってきた人事施策が、中長期的には現場で働く人たちの働きがいをそいでしまったと実感しています。また、いったん崩壊してしまった職場を立て直すのは並大抵なことではないことも痛感しています。にもかかわらず、相変わらず政府や多くの企業が働きやすさや賃上げばかりに目を向ける現状に強い危機感を持ち、この本を書きました。

本書では、私たちが見てきた崩壊する働く現場への警鐘と、「働きがいあふれる」チームへの立て直しの方法をお話ししたいと思います。

働きがいがない職場では、正直、「他責」にする人が多いものです。景気が上がらないことを、社長は従業員のせいにする、上司は部下のせいにする、部下は上司のせいにする、挙句には「社会」のせいにする……。

うちは、他社に比べれば資本が少ない、うちの会社は新しいことに挑戦しない……。気持ちはわかりますが、そのままでは何も解決しない、むしろマイナスの方向にしかいかないように思えます。

私たちが見てきた、「働きがいあふれる」チームは、考え方、姿勢が真逆です。従業員の意識一つとっても「自分が、この会社に何を貢献できるだろう」「この会社を通して、社会に対してどんな貢献ができるだろう」と自発的に仕事を楽しんでいる姿が目立ちます。従業員だけではなく、経営者も従業員の思いを反映した職場環境への改善、また、従業員一人ひとりの自律に喜び、従業員を誇らしげに語る姿に勇気をもらいました。

一方で、本著に挙げた、従業員が一丸になった「働きがいあふれる」チームは、最初からこのような職場ではなかったことも強調したいところです。経営者、管理職、従業員が自分たちの職場を改善しようと協力してつくりあげた職場なのです。経営と現場、上司と部下などの立場は関係なしに、自分の会社をよくしようと「個」の発想からつくりあげていったのです。つくりあげていく過程には、不況なんていい訳はありませんでした。

また、これらの「働きがいあふれる」チームに共通することは、立場に関係なく「信頼関係」が築かれていること。「コミュニケーション」を大事にしている。従業員が「自律」をはかり、自社に「誇り」を持っていること。

景気回復が実感できないと言われているなか、このような会社は、実はじわじわと増えています。最近では、好況ではないからこそ増えているのではないかと思えるほどです。会社は、経営者から与えられるものではなく、従業員一丸となって、育てていくものではないでしょうか。

事実、私たちが支援する会社も、もともとは「他責」が多く、互いに無関心な職場だったものが、コミュニケーション改革を続けるなかで、徐々に働きがいがあふれる会社に変わっていきます。

またこういった「働きがいあふれる」風土が、人手不足に悩む業界企業や、地方の企業や中小企業の武器になるとも私は考えています。「うちの業界は不人気だから人が集まらない」「都会の大手企業のような好待遇は提供できないから、いい人は集まらないし、活躍もしてくれないよな」とあきらめ気味の社長さんにお会いすることもしばしばですが、この本で述べる働く人たちが求めているものの変化を理解できれば、人を活かし、成長する経営への突破口がつかめるはずです。

現場で働く人たちも、経営層から業績の悪さを指摘され、下を向いていても何も始まりません。上司、部下ではなく、みなさんがその会社の一員であることが前提なのです。「一人では何も変わらない」と決めつけるのではなく、自分から変わる意志を持ってほしく、本著を書きました。

自分の会社が「弱い」のであれば、変われるチャンスがあるということです。これ以上悪くなることはない。新しいことにチャレンジしてみよう。自分が今できることは何かを突き詰めて行動していくことが大切だと思います。

「自分から変わる」。そのことによって、「働きがいあふれる」チームを築いていくことができると確信しています。

こう主張すると、一部の評論家や冷めた人たちから「働きがいを声高《こわだか》に主張する企業はブラック企業である」と反論があることは重々知っています。こういった疑心暗鬼や手負いの獅子を生み出したのは、企業社会の責任ですが、その企業社会を築いてきた者の一人として、でも、そう決めつけてしまうことで、働きがいはさらに遠のいてしまうことこそ理解してほしいとも願っています。

誰が悪いということは、ありません。「働きがいあふれる」チームづくりは、時間はかかりますが、一人ひとりが覚悟を持てば、必ず成し遂げられます。本著にて、会社や職場が陥りやすい罠から順を追って詳しく書いていきますが、これらの問題を解消し、崩壊する職場の立て直しの手助けになれば、著者としてこのうえなく幸せです。

社員が辞めない、ワクワクする職場
「働きがいあふれる」チームのつくり方　目次

はじめに　2

第1章　会社が進めるピント外れの職場改革

◆説得力に欠ける、会社の終身雇用宣言　26
◆育児社員のための企業内保育園が閑古鳥!?　28
◆「飲みニケーション」の効用は、郷愁の世界へ　29
◆社員運動会は、続けなければ意味なし！　30
◆組織改革が後まわしの残業禁止デーは、本末転倒　32
◆改革の旗を振る管理職が深夜残業　34
◆厳密な時間管理で「やる気」を失う職場　36
◆パワハラ・セクハラに怯える管理職　38
◆安易に行なうマネジメントは失敗する　41
◆低迷する若手や女性の昇進意欲　43

◆中高年社員を活かしきれない現状　45

第2章　劣悪な職場をつくり直すヒント

◆職場の内向き・後ろ向きの雰囲気を変える　48
◆コアメンバーで、変革チームをつくる　50
◆ワクワクするビジョンを明確に示す　51
◆世のため、人のために役立つ目標をつくる　55
◆ないものねだりから、あるもの頼みの経営へ　64
◆女性主導で競争力を高める　67
◆一人ひとりの持ち味や強みを見つける　69
◆高い目標に楽しみながら、挑戦する仕掛けをつくる　72
◆目標への進捗を軌道修正し続ける、夢のミーティング　76
◆希望にあふれた職場をつくる上司をスターに　78

第3章　チームワークができない職場事情

◆中間管理職の9割は、プレイングマネージャー　82
◆現場感のない上司の気まぐれ、思いつきに振り回される　83
◆失敗リスクを恐れ、部下に頼れない　85
◆ハラスメント対策にすり減る神経　88
◆職場で放置される新入社員たち　90
◆若手に広まる「会社を頼るな」という風潮　94
◆新人を押しつけ合う、上司と人事の綱引き　97
◆帰属意識がない社員たち　99
◆すぐ辞める若手社員が急増　102
◆完全雇用の人手不足時代に慌てふためく企業　103
◆部下をライバル視して、つぶす上司　105
◆一億総活躍で、多様化が進む職場　107
◆親子ほど年が離れた部下の指導に苦しむ　110
◆非正規従業員の増加で、教える機会を失った　111

◆年上部下は元上司。指導などできるはずもない 112
◆上司が部下に気を遣う時代 115
◆希薄化する職場の人間関係 117
◆同僚が何をしているかわからない 119
◆コミュニケーション不全による職場崩壊 121

第4章 「働きやすさ」ではなく、「働きがい」

◆ドラマ『下町ロケット』に感涙したのは誰か 126
◆社会貢献型NPOを目指す若者たち 128
◆育休明けにやる気を失う女性社員 130
◆待遇改善は満足を生まない 133
◆本当の仲間、本当の仕事とは何か？ 137
◆求められるのは、持ち味を活かせる役割 140
◆「働きやすさ」から、多様な「働きがい」をつくる 143

第5章 「働きがいあふれる」チームをつくる5つのステップ

◆コッター教授のリーダーシップ発揮の8段階 152
◆自律の連鎖を最大化させる 154
・ステップ① タテ・ヨコ・ナナメの「相互理解」を促進 155
・ステップ② 組織の目的・個々の役割に「動機形成」する 159
・ステップ③ 強みを活かし合う「協働意識」の醸成 164
・ステップ④ 成長と改善に向け「切磋琢磨」し続ける 169
・ステップ⑤ 次につながる「評価納得」の獲得 170

第6章 「働きがい」を取り戻すための職場改革

◆部下に求められる、参加・貢献のメンバーシップ 174
◆ステップ① 「やらされ感」をなくすためには「自律意識」を持つ 177
◆ステップ② 作業を仕事に変えるには「役割理解」にこだわれ 179
◆ステップ③ 支え合い感謝し合う「尊重連携」の促進 182
◆ステップ④ 自分の持ち味を活かし、「組織貢献」し続ける 186

◆ステップ⑤　健全な利他主義の「成果報告」で認められる　188

第7章　上司が捨てるべき10の固定観念

◆捨てるべきは、プレーヤー業務　196
◆捨てるべき固定観念①　「上司は部下よりえらい」という上下関係　199
◆捨てるべき固定観念②　肩書きへの執着、依存心　202
◆捨てるべき固定観念③　損得勘定で考えてしまう癖　206
◆捨てるべき固定観念④　部下を監視する目　208
◆捨てるべき固定観念⑤　プレイヤー業務の約7割　212
◆捨てるべき固定観念⑥　部下へのバカげたライバル心　214
◆捨てるべき固定観念⑦　つけ焼き刃のマネジメントテクニック　217
◆捨てるべき固定観念⑧　「割り切り」や「あきらめ」という名の「決めつけ」　220
◆捨てるべき固定観念⑨　経営からの業績プレッシャー　222
◆捨てるべき固定観念⑩　大黒柱&リーダーは男であるべきという「昭和的価値観」　224

第8章　崩壊する職場でも、つぶれない自分になるためには
◆弱さをさらけ出せる強さを持とう　228
◆弱い絆をたくさん持つ人は強い　230
◆自分の居場所を社外に二つつくれ　232
◆ご縁とお役立ちで運は拓ける　233

おわりに　236

取材協力／前田はるみ
校正／みね工房
図版作成／Ｔｗｏ Ｔｈｒｅｅ

第1章

会社が進めるピント外れの職場改革

組織を活性化させるために、企業はさまざまな職場改革に取り組んでいます。ただ、一見正しく思える改革でも、現場では矛盾を生んだり、管理職が対応に困る改革があります。ピント外れの原因は、改革のための制度だけを導入し、働きがいのある職場にするための本質的な議論を欠いていることにあります。形式的な職場改革が、職場のさらなる混乱と、働く人たちのモチベーション低下を招いている残念なケースを紹介していきます。

説得力に欠ける、会社の終身雇用宣言

アメリカの経営学者であるジェイムズ・アベグレン氏は、日本企業の発展を支えてきた三種の神器は「年功序列」「終身雇用」「企業内組合」としました。ただし、近年の厳しい経営環境において、企業が年功序列を維持することは難しくなっており、50代になっても平社員に留まる人が過半数を占めています。

「年功序列」を放棄した企業のなかには「年功序列の維持は困難だけれども、終身雇用は維持している」と主張を変え、従業員の不安や懸念を払拭しようと努める企業があります。

しかし組織の実態を見ると、正社員だけでなく、派遣社員やパートなど非正規雇用者で支えられています。たしかに正社員の終身雇用は守られているのかもしれませんが、その

約束は、非正規雇用という調整弁のうえに成り立っているという矛盾があるのです。

たとえば、10人のメンバーのうち5人が非正規雇用という場合、中間管理職は、雇用形態に応じたマネジメントをしなければなりません。非正規雇用の5人には、定期的な契約更改面談をし、業績が厳しければ契約を打ち切ります。そんな様子を横目にする5人の正社員も「うちの事業部そのものが会社から見捨てられ、売られるのではないか」「自分も不安定な雇用契約への切り替えを勧められるのではないか」と心中穏やかではいられません。そんな不安を抱えるメンバーに、「会社は終身雇用を守るから、みんな安心して働いてほしい」と経営層からの伝言ゲームを管理職が訴えても、説得力に欠けるのです。

「終身雇用は守る」と胸を張る会社と、その言葉に安心できない現場。その間でジレンマを感じざるを得ない中間管理職も多いのではないでしょうか。


企業が非正規雇用の比率を高めてきたことで、職場ではこんな矛盾も起きています。

十数年前から会社の中核業務だけを残し、その他はアウトソーシングを進める流れがあります。何が中核業務で、何がそうでないかは判断が難しいのですが、ある企業では本社機能である企画開発部門やマーケティング部門を残し、末端の営業部隊をアウトソーシングしたケースがありました。

その後、何が起きたかというと、顧客ニーズや世の中の変化をリアルタイムに吸い上げるはずの最前線部門を切り出したために、企画開発部門やマーケティング部門に現場の声が届きにくくなり、机上の空論でビジネス展開する事態に陥ったのです。あるいは、顧客を熟知する営業アウトソーシング会社が発言力を増すという主従逆転現象も見られました。

正社員の終身雇用を守るためとはいえ、「お客さま第一」を掲げる企業が営業部隊をアウトソーシングするのはいかがなものかと思います。企業の方針には、一見正しいように思えて、実は現場で矛盾をはらむものもあるのです。

育児社員のための企業内保育園が閑古鳥!?

増加傾向にあるワーキングマザーを支援しようと、企業内保育園を設置する動きもあります。これも一見すると、ワーキングマザーにはありがたい制度に思えますが、都心にオフィスがある場合、ほとんど利用されていない企業もあります。

企業内保育園の利用率が低いのは、子どもを連れて朝の満員電車に乗ることができないという、ごく当たり前の理由からです。たとえ職場に保育園があったとしても、満員電車に乗せて子どもを連れて行かなければならないとしたら、とても「使えるサービス」とは言えないでしょう。

満員電車に乗らなくてもいいよう、時差出勤や時短勤務があるのではないか、という反論もありますが、子どもは単に預けられればそれでいいという存在ではありません。物心がつき始めると、保育園のコミュニティのなかで社会性を学び育っていくのです。できれば、地元の安定した地域コミュニティにある保育園で育てたいという考えもあるのです。

会社の福利厚生サービスを従業員に周知させ、利用を促す立場である中間管理職も、こういった現実に薄々気づいています。ワーキングマザーたちに「企業内保育園を利用して、仕事を大いに頑張ってほしい」とは、なかなか言いづらいというわけです。

「飲みニケーション」の効用は、郷愁の世界へ

「飲みニケーション」は、かつては職場の上司や同僚、部下との距離を縮める有効な手段でしたが、近年は働く人たちの意識が変化し、以前よりも効用が薄れてきています。ワークライフバランスを重視し、「オフタイムまで会社の上司と飲みに行きたくない」と考える若い人や、育児や介護など家庭の事情から職場での飲み会に参加できない人も増えてい

ます。昔のように上司が一声かければ気軽に飲みニケーションできる時代ではなく、上司は部下を飲みに誘うにも気を遣わなければならなくなっているのです。

ところが、業界や企業によっては、いまだに飲みニケーションを奨励する傾向が根強いところもあります。「たまには部下と飲みに行く機会をつくって、職場の一体感を保つように」と昔の感覚のままの上層部に対して、「そうはいっても職場の飲み会に誰も参加したがらないのに……」としらけたムードの中間管理職も多いことでしょう。

中間管理職が飲みニケーションに積極的になれないのは、懐の事情もあります。昔のように社内交際費が支給されるわけではないため、「自腹で行くのはキツイ……」というのが本音ではないでしょうか。

社員運動会は、続けなければ意味なし！

職場で失われた一体感を取り戻すため、最近になって再び、社内運動会を復活させる動きがあります。

ニュース番組で、ある大手流通企業の社員運動会が取り上げられた際、コメントを求められたことがあります。この会社は、企業文化の異なる2社が合併して誕生した経緯があり、仕事に対する考え方や価値観、立場の異なる従業員の気持ちを一つにする目的で社員運動会を実施しているそうです。番組では「盛り上がってます！」「楽しいです！」と好意的に受け取る従業員のコメントが紹介されていました。

しかし、社員運動会の成否は、一度実施して判断できるものではなく、長い目で見ていく必要があると思います。大事なことは、従業員が相互理解を深めて、力を合わせて一つになるという組織風土を、社員運動会を通してつくりあげていくことです。会社のＤＮＡを継承するために継続してこそ、意味があるのです。

社員運動会の復活は話題性があり、ニュースにはなりますが、「今、流行《はや》りだから」「他社がやっているから」という思いつきで１～２年実施して、収益が厳しい年はやらないというような事態になるならば、従業員の混乱を招くだけです。それなら、はじめからやらないほうがいいでしょう。職場の絆を深めるという目的のもと、経営が順調なときも、そうでないときも、運動会を継続する覚悟が経営側には必要です。

その覚悟を持ち、社員運動会を続けている経営者がいます。その方が素晴らしいと思うのは、「職場が元気で会社に勢いがあるときこそ運動会を開くのだ」という強い意志を持って臨んでいることです。業績が厳しいときは「収益を圧迫するので止めるべきだ」という意見が出るそうですが、一方で業績が好調な時期でも社内は忙しいので、現場からは「今は仕事を優先させたほうがよいのではないか」という声が上がると言います。それでも、「いや、だからこそやるのだ」と従業員を鼓舞しているそうです。

つまり、目先の業績云々《うんぬん》よりも、従業員同士が絆を紡ぐことのほうが大切だという強い経営の意志です。こうした経営者の覚悟がメッセージとなって従業員に伝わったとき、目指す組織風土の醸成につながっていくのだと思います。

組織改革が後まわしの残業禁止デーは、本末転倒

人件費削減やワークライフマネジメントのため、「残業禁止」に取り組む企業が増えています。「水曜日はノー残業デー」、なかには「毎日夜8時以降は残業禁止」という会社もあります。

「ノー残業」を実現するためには、残業しなくても業務が滞りなく進むよう、これまでの業務量や役割分担を見直し、調整する必要があります。「残業禁止」と「組織の構造改革」はセットで進められるべきものです。ところが、肝心の組織の構造改革には手をつけず、残業禁止だけを推し進めようとする企業が散見されます。そして、「残業するくらいなら、

朝早く来てやりなさい」と朝残業を奨励するかのようなメッセージを発するため、現場の従業員は「仕事量が減ってないのに残業だけ禁止するということは、サービス残業をしろということなのか!?」と不満を募らせていくわけです。

ただ、従業員側にも課題があります。「ノー残業」を決めるのであれば、時間内に仕事を終わらせるためにどうするのか、従業員自身も考える必要があります。チームで相談して無駄な仕事を減らすとか、仕事のやり方を工夫して効率化をはかるなど、働き方における創意工夫と改善が求められます。

日本人は真面目な性質ゆえに、残業禁止を命じられれば、それを必死に守ろうとします。時間内に仕事が終わらなければ、仕事をこっそり家に持ち帰ってサービス残業する人も少なくありません。それで残業が減ったように見えても、問題が水面下に潜っただけで、本質的な問題解決にはなっていないことも多いのです。

また企業側の視点に立っても、残業が減ったとしても、仕事が滞ったり、業績が下がっては元も子もありません。

そんな問題意識で、全国津々浦々の企業を訪ね歩くなかで、長時間労働体質を改善し、残業の大幅減とともに業績向上も成功させた企業と出会いました。その経営者がこだわっているのは、「業務の棚卸し」だそうです。従業員一人ひとりと、部署単位での業務の棚卸しを定期的に行い、無駄な仕事をどんどん止める、アウトソーシングする、という意思決定を矢継ぎ早にしています。残業も一律にダメというわけではなく、理由があっての一時的な残業であれば認め、一方で慢性的な残業にはさらなる「業務の棚卸し」をするよう指導をしているそうです。

また部署によって残業が多いところと少ないところがある状態が恒常的にならないようにも注意しています。残業が恒常的に多い部署は業務の棚卸しを実施、残業が少ない部署から人を異動させて、部署間の労働時間のアンバランスを是正し、会社として早く仕事を切り上げるのが当たり前だという風土を育んでいるのです。このように、「組織の構造改革」があってこそ、その結果として「残業禁止」が可能になるのです。

改革の旗を振る管理職が深夜残業

出勤および退勤の時間を従業員が自由に決められるフレックスタイム制や、働く場所をオフィスに限定しないリモートワーク。どちらも働く時間や場所の制約をなくすことで仕事の効率を高め、また子育てや親の介護など家庭の事情を抱える人にも働き方の選択肢を増やすことができるため、働き方改革のために取り入れる企業があります。

改革の旗を振るのは、管理職や本部スタッフたちです。ただ、皮肉なことに、こうした新しい働き方を従業員に周知し推進していくために、旗振り役である管理職たち自身が深夜残業を強《し》いられている実態があります。

これは、先ほどの残業禁止が先行し、組織の構造改革が未着手な状況が背景にあります。従業員にリモートワークは認めるものの、肝心の仕事の見直しができていないため、管理職や本部スタッフが穴埋めしているからです。

あるいは、範を示したい管理職や本部スタッフが率先してフレックスタイムを取ろうとするものの、業務量自体が減っていないため、仕方なく自宅に持ち帰ってこっそり仕事するという本末転倒な事態も生じています。

先ほどの残業禁止の話と同じで、最新のワークスタイルを形式的に真似ても、本当の意味での働き方改革にはなりません。「何のためにそのワークスタイルを導入するのか」「ワークスタイルを実践するために変えなければいけないこととは何か」という本質に関わる議論を置き去りにしてはいけないと思います。

厳密な時間管理で「やる気」を失う職場

「従業員が少しでも早く帰宅し、プライベートの時間を充実させれば、職場も元気を取り戻すかもしれない」と考えて、「残業禁止」を打ち出すのは悪いアイデアではありません。

しかし、そのために従業員に厳密な時間管理を強いるとしたら、まったくの逆効果です。こうした経営者の多くは、職場に活気を取り戻したいと願いながら、「管理」する時点ですでに従業員のやる気や元気を奪っていることに気づいていません。人は管理されると「やらされ感」を覚え、途端にやる気を失ってしまうのです。

反対に、責任と裁量を任されたうえで、目指すゴールに向かって自由にやっていいと言われると、向上心のある人ほど非常にやる気を出します。

この国では、単に長時間労働が問題視され、その中身はあまり議論されていませんが、本当の問題は「やらされ感」を抱く時間の長さなのです。人は自分がやりたいと思うことに没頭している時間は、それほど苦痛ではありません。あなたも好きな趣味に夢中になって、気づくと徹夜していたという経験があるのではないでしょうか。一方で、人から無理やりつき合わされた関心のないイベントでは、10分が1時間にも長く感じたという経験はありませんでしたか。

仕事の目的や背景もちゃんと伝えられず、何のためかわからない作業に時間を費やす一方で、業務の見直し指示もあいまいなまま、早く帰ることだけが強制される。こんな状況でやる気が高まるわけはないのです。

モチベーションや動機づけに関する研究の第一人者である同志社大学の太田肇教授は、「人のやる気を高めるには、管理しないことである」とおっしゃっています。

太田教授の著書『公務員革命―彼らの〈やる気〉が地域社会を変える』（ちくま新書）でも指摘されているように、働く一人ひとりは優秀でも、管理されるのが当たり前だと感じてしまえば、責任感も使命感も持たず組織にぶら下がることが容易にできてしまいます。すると、「言われたことだけやっていればいい」という感覚が蔓延し、「言われないことをやって失敗すると自分が損するだけ。自分から進んでやりたくない」と言う人が増えていきます。行き過ぎた管理が、このような組織を生み出してしまうのです。

この管理主義が、バブル崩壊以降の日本には蔓延しており、ともすれば過剰管理とでもいうべき状況に陥っている企業も少なくありません。従業員のコミュニケーション不全を課題視する企業のなかには、ＩＴ技術を駆使して、職場で誰と誰がどの程度話しているかを計測しようとするところもあります。人間はモルモットではありません。日々の何気ない一挙一動までシステムに管理されているなかで、誰が伸び伸びと働けるのでしょうか。

やはり、企業は管理主義から脱却しなければなりません。ただでさえ、仕事というものは、給料などお金をもらう手前、少々嫌なことでも取り組まなければならない、という強制力が働きます。つまり仕事は「やらされ感」を抱きやすいものなのです。しかも現代は、高度成長期とは違い、若者が少なくベテランが多いため、早いうちから仕事を任せられる状況にはないのです。だからこそ、経営者や管理職には、従業員の主体性発揮に向け、管理を止め、信じて任せることに最大限の努力をする必要が高まっているのです。

松下幸之助氏は『事業は人なり』（PHPビジネス新書）で、こう述べています。

「結局大事なことは、目標を与えることである。目標が与えられれば、あとはあれこれ口やかましく言わなくても、たいていの人は自由に創意工夫を発揮してやってくれる」

パワハラ・セクハラに怯える管理職

部下のやる気を引き出すには、部下の話によく耳を傾け、部下の目標達成を支援する「コーチング」が必要だとして、管理職にコーチング研修を受講させる企業も増えています。

コーチングとは、相手の話をよく聴き、質問を通して相手の気づきや自発的な行動を促し、かつ部下の変化に気づいて声をかけることでやる気を高めるコミュニケーション手法です。相手に答えを教える「ティーチング」とは違い、対話によって相手の内側にあるやる気や可能性を引き出していく点が大きな特長です。私が営む会社が実施する管理職向け研修でも、「部下の指導・育成においては、部下に対して一歩踏み込んだコミュニケーションが必要です」と伝えています。

すると、研修に参加する管理職の人たちからは、こんな反応が返ってきます。

「部下とのコミュニケーションが大事であることは理解できますが、かといって一歩踏み込むことでセクハラやパワハラと言われても困ります」

管理職の人たちは、セクハラやパワハラに対する社会的関心が高まるなか、「上司にそのつもりがなくても、相手が不快だと感じたらセクハラやパワハラになる」と徹底的に指導されています。そのため、「トラブルを避けるため、部下には必要以上に踏み込まないほうがいいんじゃないの?」という考えに傾きがちなのです。

部下指導や育成では一歩踏み込んだコーチングを求めながら、セクハラやパワハラは御法度。管理職の人たちにとって、コーチングがアクセルなら、セクハラやパワハラ防止はブレーキと映るようです。アクセルとブレーキ――、まるで正反対のことを求められているような錯覚に陥り、「どうすればいいの？」と混乱している中間管理職が多いのです。

部下と深くコミュニケーションすることで、セクハラやパワハラと言われたくない――。管理職のこうした懸念に対して、私たちはいつも次のように答えています。

「セクハラやパワハラはやってはいけないことです。しかし、だからといって、部下とのコミュニケーションに一歩踏み込まないのは話が違います。上司が日頃から部下に深く関わり声をかけることで、部下は『上司が見守ってくれるから、自信を持って仕事を進められる』と感じ、仕事に対する手応えや成長実感を得ることができます。コミュニケーションを通して、部下との信頼関係を築くことがとても重要なのです。

反対に、部下と距離を置けばかえって逆効果です。人はよく知らないものを怖く感じますから、普段あまり会話のない上司からプライベートに関わることを質問されたり、きつく注意されたりすると、過剰に反応しやすくなります。つまり、日常的にコミュニケーションを積み上げておかないと、セクハラやパワハラと訴えられるリスクが高まるのです」

コーチングは信頼関係がベースのコミュニケーションであり、セクハラやパワハラは信頼関係がない状態で起きやすいと言えます。それなのに、「セクハラやパワハラと言われないために、部下とは一定の距離を保つほうがいい」という誤解が生じているのは、コーチングやセクハラ・パワハラを構造的に整理し、理解していないからと言えます。

安易に行なうマネジメントは失敗する

コーチング以外にも、アサーション、メンタリング、アンガーマネジメント……、欧米から次々に入ってくる最先端のビジネスフレームは枚挙にいとまがありません。企業では、職場に顕在化する問題への対処法として、こうした手法を採用する動きがあります。

これらのビジネスフレームを簡単に説明すると、「アサーション」はコミュニケーションスキルの一つで、自分の主張だけを押し通すのではなく、相手の主張も受け入れながら合意形成を行っていく手法です。「メンタリング」は人材育成・指導法の一つで、メンターと呼ばれる指導者が、対話や交流を通じて被育成者の自発的な成長を促す手法です。「アンガーマネジメント」は、怒りを相手にぶつけるのではなく、怒りをコントロールすることで適切なコミュニケーションや課題解決につなげる技術です。

ただし、これらのテクニックを学んだからといって、マネジメントや部下指導がうまくできるようになるわけではありません。マネジメントや部下指導に「これが絶対的に正しいやり方」というものは存在しないのです。しかし、現場では「この手法を学んで実践すれば問題を解決できる」と短絡的な話になりがちです。

少し前にコーチングが大流行した頃、「聞くだけ上司」が増えていると耳にしました。「今の仕事はどう?」「週末は何をしていたの?」などと部下に声をかけるものの、本当に「ただ質問しているだけ」になっている上司がいるそうです。これまで部下の意見に耳など貸さなかったのに、突然コーチングの真似事で部下を質問攻めにしたため、「何か魂胆があるんじゃないか」と部下に不気味がられるパターンです。

このように、マネジメント手法を真似てみてもうまくいかず、かえって職場をギクシャクさせるケースは多いように思えます。これは、企業がマネジメント手法を社内に導入する際に、手っ取り早くテクニックを伝授しようとすることで起きる弊害といえます。

たとえば、「部下が育たない」など職場で顕在化する問題に対し、会社は即効薬として「部下の育成ではコーチングが大事です。管理職はコーチング研修を受けなさい」と管理職に通達します。それが管理職側では「コーチングという手法を学べば、部下育成がうまくいく」というメッセージに転換されてしまっているのです。

私たちが、管理職向け研修で繰り返しお伝えしているのは、「やり方の前にあり方」ということです。自分はどのような信念や指針にもとづいて部下指導やマネジメントに向き合っていくのか――これが「あり方」です。この「あり方」が定まったら、適切な手法やテクニックを臨機応変に用いながら、自分なりの「やり方」を構築することが大切なのです。

低迷する若手や女性の昇進意欲

最近は、どの企業でも「女性の活躍」が叫ばれています。女性のリーダーを増やしたり、法人営業に女性の担当者をつけたり、これまでは男性が中心だった職種や職位で女性の登用を増やしていこうという機運が高まっています。

ところが、当の女性に話を聞くと、「リーダーや管理職にはなりたくない」という声が圧倒的です。さらに言えば、女性だけでなく若い男性社員も「管理職は勘弁してほしい」と思っている人が多いようです。

会社としては、次のリーダーや中間管理職を担《にな》う20~30代の層が薄くなっており、若手や女性にステップアップしてもらわなければ組織構造が成り立たない状態です。また、管理職自身も上層部から発破をかけられるため、若手や女性に昇進を働きかけています。しかし、なかなかうまくいっていません。

その理由はしごく単純です。若手社員の目に、管理職が楽しそうに映らないからです。「残業はするな」と部下に指導しておきながら、一方で部下が就業時間内にやり残した仕事は上司が引き受けざるを得ず、一人で残業して片づける羽目になります。体がボロボロになるまで働いても、報酬や待遇、やりがいの面では以前ほど報われることがありません。今どきの賢い若者たちは、「そこまでして管理職になる意味がわからない」「管理職になっても自分が損するだけ」と冷ややかな目で見ているのです。

以前は40~50代の女性管理職が少なく、女性社員にとってのロールモデルがいないことが問題でしたが、最近は女性管理職も少しずつ増えています。

ただ、その女性管理職の人たちも、若い女性たちの憧れの存在になれているとは言い難いようです。「管理職＝男性的な働き方」というイメージから、「結婚や出産の後に管理職として働くのは無理」「あの人たちのようにはなりたくない」という声が聞こえてきます。

若手や女性の昇進意欲を低迷させているのは、彼らにとって憧れにならない管理職の存在なのです。これは管理職のみなさんには耳の痛い、辛いことだと思います。

中高年社員を活かしきれない現状

失業率が低下し、ほぼ完全雇用の状態が続いています。多くの企業では人手不足に加え、層として薄い20代後半~30代を補充するため、中途採用に力を入れています。

その一方で、社内でダブついていると言われている40~50代が戦力外通告を受けたり、リストラの対象になったりしています。彼らのやる気がそがれるだけでなく、会社が外から人を採ろうとしているのを見て、会社への不信を募らせています。

これは正しい人事戦略とは言えないと思います。人手が足りないのであれば、まずは今いる社員を最大限に活用すべきではないでしょうか。今いる社員が生き生きと活躍しているからこそ、外からも魅力的な職場と映り、転職者にも受け入れられるのです。

長年その会社に勤める40~50代の人材は、会社の価値観を共有し、自社ビジネスにも精通しているという強みがあります。彼らの個性や強みを活かし、適材適所で活躍の場をつくることで戦力化していくことは十分可能だと考えられます。

中高年社員を切り捨てようとする会社の姿勢は、彼らのモチベーション低下よりも、もっと深刻な問題を引き起こします。そういう会社の姿勢を賢い20代や30代もちゃんと見ているということです。

若い世代は、「想定路線から外れた社員を会社は簡単にあきらめる」というメッセージを受け取ることになります。失敗すれば会社から戦力外通告を受けると知れば、会社の未来を担うはずの若手たちは、リスクを冒してまで挑戦することに躊躇《ちゅうちょ》するでしょう。忠誠心を高く持って、会社の未来のために活躍する人がいなくなってしまうかもしれません。


会社が進める職場改革の課題をご紹介してきましたが、ここで取り上げた例は全て、チームや組織があるべき姿からズレたときの軌道修正の話に終始しています。つまり、職場改革とは名ばかりで、その場しのぎの絆創膏《ばんそうこう》のようなもので、根本的な問題の解決に至っていないケースが多いのです。

その理由は、職場にどんな問題があるのか、何のためにその改革を行うかということが、現場に届いていないからです。会社が目指す職場の「あり方」が共有されず、手法やテクニック、制度など「やり方」だけが現場に降りてくることに問題があります。そして、そのことによってもっとも苦労しているのは、会社と現場の板挟みになる管理職なのです。

第2章

劣悪な職場をつくり直すヒント

本来目指すべき職場改革とは、どのようなものでしょうか。制度の導入や環境の整備よりも、もっと大切なことがあります。現場で働く人たちが、お互いに気持ちよくサポートし合いながら楽しく働けるようにすることです。この章では、「働きがいあふれる」職場をつくるための改革のヒントを、実例を織り交ぜながら紹介していきます。

職場の内向き・後ろ向きの雰囲気を変える

メンバーの気持ちがバラバラで停滞している職場や崩壊している職場では、だいたい内向き・後ろ向きの会話ばかり聞こえてきます。

多いのは会社や上司、同僚への不平不満で、「あいつだけ評価されるのはおかしい」「あの人は頼んだことをやってくれない」「あいつのほうが得している。それに比べて俺は損している」のように社内に関する愚痴が多くなっています。

これには、中間管理職や経営者自身の発言やふるまいが影響しているケースも度々見られます。上司が口を開けば社内評価や業績の話ばかり、しかもリスクを気にして前例踏襲ばかりでは、職場の空気も内向き・後ろ向きになっていくのは当然の成り行きと言えるでしょう。

この内向き・後ろ向きの職場の空気を、外向き・前向きに変えていくことが大切です。それによって、職場が変わるきっかけになることがあります。

鍵となるのが、上司の日々の声かけです。上司が普段からどんな話をしているかは、職場の雰囲気を大きく左右します。社内での評価や業績がどうのこうの……、という話は止めて、「今、お客さんはどんなことを期待されているのだろうか」「将来、自分たちが提供するサービスはどのように変わっていくべきだと思う?」といったような外向き・前向きな問いかけを習慣にしていきます。

また、顧客から届いたうれしいコメントやメッセージを朝礼などで共有し、職場に貼り出すなど、顧客の声を共有するのも社内の意識を外に向けるには効果的な方法です。

これらを実践するだけでも、職場の空気はガラッと変わってきます。「これだけ世の中がダイナミックに変化して、お客さんの要望も変わってきているのに、『あいつのほうが得している』なんて話はどうでもいいよね」というふうに、社内での足の引っ張り合いが陳腐《ちんぷ》に思えてくるのです。

メンバーの意識が外や前へ向き始めると、新たな危機感も生まれてきます。「社内の不満や愚痴ばかりだったけれど、そんなことを言っている場合じゃない」とか、「お客さんからの要望に対して、『うちの会社の規則なのでできません』と断っていたけど、会社の将来を考えると危ないいんじゃないか」など、自分たちの置かれた状況に改めて目を向け、危機感を抱く声も出てきます。

コアメンバーで、変革チームをつくる

職場改革を進めるにあたり、いきなりメンバー全員の意識や行動を変えていこうとするのは大変です。たった10人のメンバーでも、10人いれば職場改革に対する温度差が生まれるため、一律に変えていくのは難しいでしょう。

そこで、変革に意欲的なメンバーを、変革を牽引するリーダーに任命する方法を採ります。10人のチームであれば、3人くらいを選定して変革チームに任命し、彼らを中心に職場改革を推進していってもらいます。まずは3人が変わることで、周囲にも変革の波を波及させ、職場全体に変革をもたらそうという戦略です。

「変革に意欲的なメンバーなんて職場にいるだろうか?」と懐疑的な人もいるかもしれませんが、「現状に問題意識を持つメンバー」なら必ず一人や二人はいるはずです。部下の話によく耳を傾け、変革のキーパーソンを掘り起こしていきます。

私も停滞した職場の責任者を引き継いだ経験があり、多くの企業の職場改革を支援するなかで確信しているのですが、腐ったり、しらけたりしているメンバーのなかにも、一人ひとりの話をよく聴いていくと、実は「会社をもっとよくしていきたい」とか、「もっとお客さんの役に立つことをしたい」と思っているメンバーがいるものです。

そんな彼らの不満や不安を聴き出すなかで、単なる文句や甘えと、外向き・前向きな問題意識を整理し、前者には自省を促し、後者を強く肯定するのです。「あなたの問題意識に同感だ。一緒に会社を変えてみないか?」と勇気づけ、変革チームに抜擢すると、彼らの目の色が変わってきます。変革チームが率先して職場改革に動き始めると、周りの人たちも引っ張られて変わり始めるということがよく起こります。

ワクワクするビジョンを明確に示す

職場が停滞する理由の一つは、チームの目的がはっきりしないことです。メンバーは「自分が何のために働いているのかわからない」という感覚に陥り、やる気を失っていきます。

前の会社で私が就職情報誌の編集長に就任したとき、メンバーが自分の作業のことしか考えないためチームがバラバラでした。そのとき私が取り組んだ組織風土改革について、少しお話ししたいと思います。

なかでもとくにやる気のないメンバーがいて、私は彼の気持ちを知りたいと思い、話を聴いてみました。

「学生を取材していると、すごく就職のことで悩んでいる。僕らは助けを求められているのに、記事の企画は毎年同じで、既定路線通りにしかやらせてもらえない。本当は、もっと彼らのことを応援できる企画をやりたいんです。でも、そう言うと、『何を青臭いことを言っているんだ？　そんなことしても部数は伸びないだろう』とずっと却下され続けてきました。……だから、もう仕事をやる気がしないんです。会社を辞めます」

業績のことしか考えない会社上層部の内向き・後ろ向きのスタンスが、「学生を応援するために仕事する」という彼の目的を全否定し、モチベーションを奪い、彼を腐らせていたのでした。

私は、彼の言う通りだと思いました。

「その通りだよ。僕らの仕事は、この国の、よい就職をしたいと願う学生に、一人でも多くよい就職をしてもらえるよう応援することだよ。だから、やろうよ。君は何がやりたいの？」

私は組織の目的を示して、チーム内で共有しました。そして、「学生を応援するのに、雑誌という手段だけでは足りない。歌なんかどうですか？」という彼の斬新な提案を採用し、音楽レーベルとタイアップし、合同企業説明会でライブを実施したのです。彼は通常業務に加えて音楽制作も担当し、大変忙しそうでしたが、「自分が『やりたい』と言って始めたからには、やらないわけにはいきませんよ」とうれしそうに笑っていました。

先ほど「問題意識を抱いているメンバーは職場に一人や二人はいる」という話をしましたが、彼がまさにその一人です。目的を奪われて〝腐って〟はいても、「なんとかしたい」という熱い思いを秘めていました。そういうメンバーの思いをくみ取り、活躍の場を与えてスポットライトを当てると、がぜん輝き始めます。その一人や二人が組織全体を変えていくのです。

そのときに大事なのが、やはり組織が目指す目的やビジョンです。組織のみんなが「ワクワクするもの」であり、「誰に喜んでもらえるのか」を明確に言語化したものであるほど、「自分たちはこの目的のために努力するんだ」という当事者意識のもと高いモチベーションで取り組むことができるのです。

これまで多くの経営者にお会いしてきましたが、「組織の目的というものを大事にされているな」と感じたのは、お好み焼の千房を展開する千房ホールディングス株式会社（大阪府）代表取締役の中井政嗣氏です。中井代表とは、人事専門のウェブマガジン「ジンジュール」の対談でお会いしました。

中井代表は、「外食産業の使命は、明日への活力を再生産する場を提供すること」という会社の存在目的を打ち立てていらっしゃいます。

「私たちはお好み焼を提供しているんですよね？」と従業員が中井代表に聞くと、「それもある。それ以上にあなたと出会い、談笑して帰っていく。お好み焼を通じて『明日はもっとがんばろう』と活力を生む場を提供するのが、自分たちの仕事なんだよ」と代表が答える。そんなやりとりで、高揚する従業員の様子を想像するだけでも、胸が熱くなってきます。

このような目的を掲げるのは、「従業員が誇りを持って働ける格好よいお店や会社をつくりたかったから」なのだそうです。従業員のやる気を高めるのも下げるのも、仕事の意義の捉え方次第なのだと教えていただきました。

また、ビジョンメーカーで有名なスティーブ・ジョブズ氏は、当時ペプシコーラからジョン・スカリー氏（元 Apple CEO）を引き抜く際に、こう言って説得したそうです。

「このまま一生、砂糖水を売り続けるつもり？　僕たちと一緒に世界を変えるチャンスをものにしないか？」

「世界を変えるチャンス」とは気障《きざ》な台詞《せりふ》ですが、それで人が感動し、優秀な人材がジョブズ氏のもとに集まってきたわけです。「目的」のパワーは計り知れないと改めて感じさせるエピソードです。

あなたのチームは、「自分はこのためにがんばっているんだ！」とメンバーがやる気と充実感を持って仕事に取り組めるような目的設定を行っているでしょうか。

世のため、人のために役立つ目標をつくる

メンバーがワクワクするような組織の目的やビジョンがあっても、そこにたどり着くための「目標」が示されなければ、メンバーは具体的に何をどうすればいいのかと途方に暮れてしまうでしょう。「目的」と「目標」をセットで示すことが大切です。

ここで「目的」と「目標」の定義を明らかにしておきたいと思います。

「目的」とは、最終的に実現しようと目指すゴール。「なぜそれをするのか」という理由

や意義と置き換えることもできます。会社全体であれば長期的な存在目的としての経営理念と同義で、職場単位であれば中期的な組織ビジョンともいえるものです。私が経営する会社、ＦｅｅｌＷｏｒｋｓでいえば、「人を大切に育て活かす社会づくりに貢献する」が会社の存在目的である経営理念です。また、中期視野のビジョンとしては、この国の課題である企業内人材育成の劣化への対応に集中するため、「この国に人が育つ現場を取り戻す」としています。

一方で「目標」とは、目的を達成するための短期的な道しるべとなるもので、「いつまでに、何をするか」を示したものです。たとえば「この半年でどういう状態を目指そう」のように、中長期的なゴールを示した目的に対して、より短期間で達成できる具体的な到達地点を設定したものが目標です。

私の失敗経験をお話しすると、30歳の頃から約20年間、管理職や経営者として人を束ねてきましたが、目的というアドバルーンを上げるのは得意ですが、具体的な目標に落とし込むのが苦手でした。「前川さんはいい事を言うけれど、それで私は何をすればいいんですか?」と最初のうちは部下によく質問されたものです。

目的は、みんながワクワクするような将来像を思い描けるものを設定する一方で、目標は期間と規模をブレークダウンしたものに設定し直すことが大切です。

いざ目標を設定する際に、多くの企業は「売上目標」「利益目標」など数値目標に落とし込んでいます。せっかくみんながワクワクできる、夢や情熱を感じられる目的を掲げられたとしても、社内での数値目標に転換された途端、ワクワク感がそぎ落とされてしまっているように思えてなりません。

なぜでしょうか？　売上や利益の数値目標があること自体は悪いことではないのですが、この数値目標のみがクローズアップされ、もっとも大切な目的が形骸化されてしまうからです。目的が全く語られないなかで、売上や利益目標の達成だけを執拗に求められる企業や現場も少なくないでしょう。近年、企業による粉飾決算や不正問題が度々起こっていますが、これらは、いつのまにか目的が忘れ去られ、組織をあげて売上や利益目標達成のみに向かってしまったからだと私は考えます。大手監査法人代表社員を経て大学院で教鞭もとられる公認会計士の浜田康氏も著書『粉飾決算──問われる監査と内部統制』（日本経済新聞出版社）で、数値目標偏重の経営にこう警鐘を鳴らしています。

「会社の目標というと、数値目標しか示せない経営者がいらっしゃいます。数値目標も大事だとは思うのですが、むしろ本来は、将来のある時点でどのような会社にしたいのか、が目標であって、数値は、それに付随する属性にすぎないはずです」

数値分析のプロの指摘だけに迫力を感じます。

そもそも世のため、人のためになる目的とは、組織が取り組む仕事の意義を言語化するものであり、中長期的な外向きの視界を育むものです。一方で、売上や利益などの数値目標は、自社が短期的にどれだけお金を稼ぐかを示すもので、近視眼的な内向きの視界に陥りやすいものです。この章の冒頭で、メンバーの気持ちがバラバラで停滞している職場や崩壊している職場は、みんなが内向きだとお話ししましたが、従業員が売上や利益の数値目標のみに目が行くようになるということは、会社が崩壊する序曲ともいえるでしょう。それくらい売上や利益の数値目標は、取扱いに厳重注意が求められる危険なものなのです。

ただでさえ、資本主義社会のルールのもと成り立つ会社組織においては、財務諸表によって会社の評価が決まるわけですから、よほど注意して取り扱わなければ、売上や利益の数値目標は勝手に暴走し始めるのです。数値目標を掲げるならば、目的のほうが数値目標の影響力を大きく上回るよう、会社のなかで経営者以下全ての従業員が意識できる仕掛けを工夫しなければならないのです。

　では、目標も、目的と同じように、外向きの「世のため、人のために役立つ目標」に変えていくことはできないものでしょうか。売上や利益の数値目標の危険性に気づいている企業のなかには、工夫を凝らしているところもあります。あるサービス企業では、売上や利益という言葉が社内で使われていません。すべて「お役立ち」という言葉に置き換えられているのです。「売上目標を達成しよう」ではなく、「お役立ち目標を達成しよう」と日常的に語られていれば、内向きになるリスクを大幅に軽減できるというわけです。

　もっとも、会社が売上や利益を上げることがダメだというわけではありません。利益を上げられなければ、会社はつぶれてしまいます。いくら売上を上げても利益が出ていなければ、会社は続けられません。そういう意味では、厳密には売上ではなく、利益が重要です。会社がつぶれれば、世のため、人のために活動することもできませんし、経営者はもちろん真面目に働く従業員の生活も破綻《はたん》してしまいます。いくら世のため、人のためと、綺麗事を言っていても、会社がつぶれては元も子もないのです。

　たとえば、バネなどを製作する中里スプリング製作所（群馬県）では、利益のことを「会社存続益」と呼んでいます。会社が利益を出しても、それが経営層や一部の株主だけが潤うためではなく、厳しい社会のなかでみんなが働く会社を存続させるためだと思えれば、職場がバラバラになるリスクは減らせるはずです。

短期成果においても、「自分たちは人の役に立っている」という実感を持ちながら、目指せる目標設定を考えてみてほしいと思います。

ちなみに、私が営む会社では、人材育成という長期視野での取り組みが求められる仕事をしているということもあり、売上や利益の数値目標を設けておらず、社員にノルマを厳しく課すこともしていません。正確には、社長の私自身には取引銀行や顧問税理士などともやりとりをしながら会社をつぶさず守る経営責任があるため厳しく課していますが、現場で働く仲間である社員たちには一切課していません。売上や利益は、お客さまの期待に応え続け、会社をつぶさず維持・成長させるためには必要ですが、それを目標にしてしまうのは本意ではないからです。これまで繰り返したように、目的が忘れ去られ、売上や利益の数値目標が目的化し、崩壊する会社をたくさん見てきたからでもあります。

では、何を社員たちの短期的な目標にしているかというと、中期ビジョンである「この国に人が育つ現場を取り戻す」ためのお役立ち回数です。お客さまとなる企業・団体などの立場に立ち、その現場で人が育つために、研修やコンサルティングや社内報制作などあらゆる手段をどれだけ考え繰り出せるか。売上ノルマに追われることなく、コンサルタントたちが、まっすぐに世のため、人のために日々汗をかき続けられるよう工夫しています。また、会社の存在目的である「人を大切に育て活かす社会づくりに貢献する」は、常にみんなが意識できるよう繰り返し発信することも意識しています。

こう話すと、理想的にうまくいっているように思われるかもしれませんが、実はこのお役立ち回数の目標設定に至るには、かなり社内で議論を繰り返しました。

「売上目標が指標化されないと、営業活動もやりづらい。そもそも売上や利益を追いかけるのが会社ではないのか」

「お役立ちの回数と言ったって、結局は売上と連動しているので、シンプルに売上目標にしてもいいのではないか」

「そもそも人材育成を志して、ベンチャーであるＦｅｅｌＷｏｒｋｓに集った仲間たちなので、そこまで過敏にならなくても大丈夫ではないか」

これらの議論を取りまとめた問題意識の高い幹部とともに私は、仲間たちみんなが会社を自分の会社として真剣に議論してくれる姿に感動しましたが、なかなか結論に至りませんでした。最後は私からこう話して、みんなに納得してもらったというのが正直なところです。

「お客さまとなる企業の経営層に対しても、売上や利益を目的化せず、社会をよりよくするための会社をつくり、長期的に人を大切に育て活かしていきましょうと言っている私たちが、売上や利益を追いかける会社には絶対になりたくない。経営はすべて実験だ。暴走する資本主義の負の部分と闘う経営の実験をやらせてもらえないだろうか」

とはいえ事業活動では、売上や利益を全く度外視しているかというと、そういうわけではありません。たとえば、提供する商品やサービスには適正な利益をいただけるよう価格設定はしています。安売りして回数を増やすことには意味がないからです。安売りするということは、赤字に通じ、その先には倒産が待っています。何より、安くしなければ導入いただけないということは、それだけお客さまにとって価値がないということであり、お客さまからの期待値も低くなります。価値があまりなく期待もされない商品やサービスでは、従業員の誇りも奪われ、そもそもの人が育つ現場づくりへの効果が薄くなってしまう可能性もあります。逆にお客さまから少々高いと感じられても導入していただくほうが、そのぶんの期待値も高まり、高い付加価値を求められる緊張感が伴います。それだけ、私たちも高い専門性を磨きながら、真剣勝負の仕事に打ち込めるのです。

また、売上や利益などを含めた財務情報は、定期的に全社員へ共有しています。売上や利益などは目的や目標にはしませんが、会社を維持、成長させ、お客さまのお役に立ち続けるために、結果としては重要です。みんなで力を合わせて、この国に人が育つ現場を取り戻すあらゆる手段を繰り出した結果として、会社はいくら売り上げて、いくらの利益を出したのか。つまり、みんなで無から有を生み出した付加価値はどれくらいなのかは、チームワークで働く当事者は知るべきです。FeelWorksは上場企業ではないため、そこまでのディスクロージャー（情報開示）は必要ないのかもしれませんが、社長である私の給料をはじめとした人件費、外注費、開発費、減価償却費、家賃、水道光熱費、広告宣伝費、旅費交通費、その他一般経費など、できるだけわかりやすくガラス張りの経営を心がけています。

そして、日々、社員である仲間たちにはこう話しています。

「お金を追いかければ、お金は逃げていく。お役立ちを追いかければ、お金は後からついてくる」

「お金に振り回されないために、お金のことをちゃんと知り、かつ詳しくなっておかなければならない」

「お金を稼ぐことが目的なら、うちの会社じゃなく、他の会社に行きなさい」

ないものねだりから、あるもの頼みの経営へ

管理職や経営者の悩みを聞いていると、「うちの社員は文句が多い」「指示待ちが多くて困る」のように、悪い面ばかりに目を向け、否定的な決めつけで部下を評価する傾向が強いと感じます。相手に悪い印象を持ちながら接するうちに、悪い期待通りに相手が変わっていくことを「ゴーレム効果」と言いますが、まさに「ゴーレム効果の目線」で部下を見てしまっているのです。あるいは、「隣の部署は業績が上がっているけれど、それはメンバーに恵まれているからだ（お客さんに恵まれてラッキーだ）」と言うのは「ないものねだり」です。これらは言い出すとキリがありません。

飲食業界やサービス業界は不人気業界と言われており、一般的に高学歴の学生が就職し

たがらない業界と言われています。しかし、だからといって「うちは優秀な人が来ないから会社が伸びないのだ」と経営者が文句を言っているような会社は、伸びるはずがありません。

一方で、そんな飲食業界やサービス業界でも、人が生き生きと働いて活気があり、業績を伸ばしている会社は存在します。そのような働きがいがあふれる会社には、経営者が「うちに来てくれる人がいるだけでありがたい」と今いる従業員に感謝し、「うちで働いてくれている人はみんな素晴らしい」と一人ひとりのよい面に目を向け、肯定的にコミュニケーションを取ろうと努力し続けているのです。

相手に期待をかけながら接していると、現実もそのようになっていくことを「ピグマリオン効果」と言いますが、後者はまさに「ピグマリオン効果のマネジメント」の実践です。メンバーの悪い面を見るのではなく、よい面に光を当て、プラスの期待を持ちながら接することで、一人ひとりを輝かせることができるというものです。

「あるもの頼みの経営」の大切さを実感した、私の原体験をお話ししたいと思います。

20代半ばで、ある雑誌の創刊の現場リーダーを任されました。メンバー募集にあたり、他事業部から優秀なメンバーは異動させてもらえず、集まってきたのは「朝起きられないやつ」「時間にルーズなやつ」「言葉遣いが悪くてお客さんに嫌われるやつ」などの問題社員ばかり。しかし、このメンバーでやるしかなかった私たちは、毎晩のように居酒屋に誘い合い、「僕らは社内の別部署のエリート集団と比べると、『落ちこぼれ』かもしれないけれど、このチームで、社会人の学びを変える新しい雑誌をつくろう！　僕らにも出来るはずだよ」と熱く語り合いました。

するとと、次第にメンバーの目の色が変わってきて、自主的に動き出すメンバーが現れました。「社会人の学びを変える新しい雑誌をつくる」という目的の共有も、彼らのやる気に火をつけたのだと思います。３カ月後には無事に雑誌を創刊。「落ちこぼれの僕らも、やればできるじゃないか！」とみんなで抱き合って大喜びしたことを覚えています。

「できない」と決めつけてしまえば、それで終わりです。しかし、「できることがあるはずだ」と信じるリーダーがいて、お互いを信頼する組織風土を育むことができれば、みんなで成果を上げる職場に変わっていくものなのです。

女性主導で競争力を高める

若手の男性を採用したくても、人手不足で集まらない場合、専業主婦など女性の力を借りなければならないことがあると思います。このとき、「女性にはリーダーは務まらない」「女性には営業は無理だ」と考えるのは過去の常識や固定観念に捉われています。女性の持ち味を活かした新しいリーダーや営業のスタイルを模索し追求することで、男性リーダーや男性営業とは違う活躍が期待できるだけでなく、男性主導のチームよりも強いチームをつくることもできるのです。

女性の活躍で、接待営業なしで、法人顧客を増やし、成長した製造会社の例を紹介しましょう。

この会社は、後発メーカーゆえに若い男性の採用が難しかったことから、その地域の専業主婦の潜在力に着目した創業社長が、社長以外は全員女性でスタートしました。工場のラインはもちろん、営業も大半を女性が担います。

旧来型の製造業の営業といえば、取引先の購買担当者と人間関係を構築するために、夜な夜な接待営業をかけ、ウエットな人間関係を構築しておくことが必須だったと言います。しかし女性ばかりの営業チームでは、接待営業はなじみにくいものです。

頭を抱えた社長が、ふと入社間もない若手の女性に「営業、どうしたらいいと思う?」と尋ねると、「グローバル企業への接待は特に難しいですよね。接待しなくても、SNSでネットワークをつくったらどうですか」と若者らしい感性で提案があったそうです。そこで、「工場でのイケてる写真投稿」を募ったところ、世界中のエンジニアが面白がって写真を投稿し、今では全世界数万人のネットワークに広がっていると言います。そのなかには、営業対象窓口である購買担当者も含まれています。

グローバル展開においても、女性社員の発想と持ち味が発揮されました。小さな会社の場合、通常、海外企業とは商社を通して交渉するため、30~50%のマージンが発生すると言います。この会社は、女性社員の発案で海外の展示会に出展することにしました。相手の格や肩書きを気にする男性とは違い、女性はその物腰の柔らかさを活かし、誰の懐にも飛び込んでいくので、大物華僑ともどんどん人間関係を構築し、続々と商談が成立していったそうです。

これらの新たな営業スタイルの実践で、この会社は5年連続で増収増益を達成、年商4

億円から18億円にまで急成長を遂げたのです。

「男性がいないから無理」ではなく、「今いる女性にできることは何か」を徹底して追求することで、道が拓けていった好例だといえます。

女性だけのチームでは、男性社会の常識や固定観念に縛られる必要はありません。今いる人たちの持ち味や強みに目を向ければ、その人たちにしかできないやり方がきっとあるはずです。そういう視点で今の職場やチームを見てみると、今とは違ったメンバーの活かし方が見えてくるかもしれません。

一人ひとりの持ち味や強みを見つける

働きがいを育むためには「一人ひとりの持ち味を活かすこと」が大事なのですが、では、その持ち味をどうやって見つけるのかは容易ではありません。通常業務に追われる日々を送るだけではなかなか難しいのが現状でしょう。

一つの方法としては、相手の思いを引き出す傾聴面談がありますが、それは第5章で詳しく説明します。ここではもう一つの方法として、多様な評価基準で社員の長所を見つける仕組みを持つ会社の事例を紹介したいと思います。

前出の中里スプリング製作所は、群馬県郊外にある小さな町工場で、従業員は二十数人です。中里良一社長とは、「ジンジュール」の企画で対談させていただきました。

この会社では、中里社長が毎月社員をさまざまな基準で評価し、表彰しています。評価基準は決して売上や利益ではなく、その時々で変わります。しかも、「挨拶の声が大きくて元気をくれた人ベスト10」「お客さまの評判がいい人ベスト10」「ユニフォームの着こなしがきまっている人ベスト10」など遊び心が満載です。

2年間で何かしら全員に「一番」をつけるようにしているそうですが、これがまさにポイントのようで、「経営者として『この人を一番にするには何で評価すればいいかな』と長所を探す楽しみにもなるんですよ」と中里社長はおっしゃいます。

この評価制度を、「遊びじゃないんだから」と一蹴することもできます。普通のビジネス感覚で目先の業績目標ばかり追いかけていると、そう感じるかもしれません。

しかし、この会社は群馬の郊外にある小さな町工場でありながら、社員はみんな生き生きと働いていて、会社もつぶれることなく続いています。小さな町工場は、下請け・孫請け仕事を受けることが多く、どんどん値下げ要求をのまされ、経営難に陥る場合が多いなか、異例のことです。この現実を経営者は固定観念を捨て去って見るべきだと私は思います。

中里社長がこの評価を続けているのは、「働く人が目指すべきは『平均点』ではなく、自分の長所を伸ばすこと。人には必ず長所があるから、欠点を隠すことばかり考えずに、高い付加価値で欠点を補えばいい」という考えがあるからだそうです。

表彰される社員は、「社長はこんなところまで見ていてくれるんだ」と感激し、「自分にはこんな長所があったのか」と自分の新たな面の発見に喜びを感じるでしょう。町工場の場合、下請けや孫請けの立場として「短納期で安い仕事だけ請け負っていればいい」と考え方が卑屈になりがちなこともあるかもしれません。しかし、一人ひとりが評価されることで、仕事に対するプライドや情熱を取り戻すことができます。「自分たちの仕事には意味がある」と感じることで、社員は働きがいを感じるようになり、活気ある職場に生まれ変われるというわけです。

この評価の仕組みは、中間管理職も真似できるものだと思います。

毎月表彰するかどうかは別として、会社から決められた人事評価基準で部下を観察するだけでなく、「この部下をチームで一番にするには何で評価したらいいだろう」という視点で部下と接することで、自然に部下の持ち味や長所を探すようになるのではないでしょうか。実際の評価やランキングをノートに書き留めておくだけでも効果があると思います。

私の会社が提供する「上司力研修」では、受講者である管理職に部下の持ち味や強みを活かす習慣を身につけるために、感謝日記をつけること、さらにはその感謝を定期的な面談の場で伝えることを推奨しています。素直な管理者の方ほど、この方法を実践され、「暗かった部下が元気になってきた」「主体性が発揮されてきた」など効果を実感する声が届いています。あなたもぜひ実践してほしいと思います。

高い目標に楽しみながら、挑戦する仕掛けをつくる

職場を停滞させている大きな原因として、中間管理職がプレイングマネジャーとして現場仕事を抱え込み、多忙を極めるためにマネジメントや部下育成に時間を割けないことが挙げられます。また、部下育成が進まないから、中間管理職が部下に仕事を任せられないという悪循環も生まれています。

その悪循環を断ち切るヒントとして、「自分が成長するために部下を育てる」という理想的な循環を仕組み化し、組織のＤＮＡに組み込んでいる会社の事例を紹介しましょう。

株式会社ベアーズは、日本の家事代行産業のパイオニアであり、リーディングカンパニーです。現在に至るまで、前期比二桁増のペースで売上を伸ばしています。Ｙａｈｏｏ！求人　おしごとマガジン「ＦｅｅｌＷｏｒｋｓ前川孝雄　人が育つ会社研究室」のインタビューで髙橋ゆき専務にお話を伺いました。

ベアーズでは、入社２年目になると「あなたのＮｏ．２は誰ですか？」と上司から聞かれるようになるそうです。

「自分が次のステップに進もうと思ったら、自分の代わりを任せられる〝Ｎｏ．２〟の存在が必要です。そんな部下や後輩を育てなさいと。入社２年目からはそのことを意識してもらっています」と髙橋専務がおっしゃっていました。

みんなが愛情を持って部下や後輩を育て、自分が担当している仕事を任せる。そして自分はさらにレベルアップした仕事に挑戦していく。本人にとっては、自分から「やりたい」と望んで挑戦する仕事なので、やりがいがあるでしょう。また、部下にとっても、「あなたならできると思うから、任せるよ」と仕事が渡されるので、上司から信頼されている充足感があるはずです。

誰もが誰かのNo.2であり、自分のNo.2を育てている――この連鎖が一人ひとりの主体性を引き出し、楽しみながら高い目標に挑戦する組織風土を生み出しています。

ベアーズの社員数は約200人（2016年2月現在）。会社が急成長し始めた10年ほど前に入社してきた20人ほどのメンバーが、今は幹部社員として活躍しています。髙橋専務は、幹部社員の面倒は「棺桶に入るまで徹底的に見る」とおっしゃっています。そして、幹部社員には「その下の社員たちの面倒を見なさい」と伝えているそうです。「No.2を育てる連鎖」が専務から幹部社員へ、さらに若手社員へと受け継がれていくことで、会社が成長し続ける原動力になっていることがわかります。

若手のやる気を引き出し、成長を促す仕掛けは他にもあります。

ベアーズでは、新卒・中途、部門を問わず、入社3年目の若手社員が「ジュニアボード」と呼ばれる経営ボードのジュニア版を結成し、次世代のベアーズをつくるためのアイデアを考え、実行する場が設けられています。たとえば、現場スタッフのベアーズレディを社員がもてなす「愛と感謝の祭典」というイベントもジュニアボードから生まれたものだそうです。

「あなたならどうする？」と問いかけて若手の意見を吸い上げ、かつ優れたアイデアはすぐに実現に移すことで、若手の承認欲求が満たされ、また次世代を担っていく自覚の形成にもつながっていると思います。

「あなたならどうする？」と問いかけて若手の主体性を促すカルチャーは、私の古巣であるリクルートにもありました。

入社して間もない頃は、まだ仕事を教えてもらう前から先輩社員に仕事を渡され、「やり方がわからないんですけど」と先輩に尋ねたら、「お前は、どうしたいんだ？」と逆に質問されました。これには面食らいました。

しかし「お前はどうしたい？」と毎日問われ続けていると、次第に自分で考えるようになります。「こうしてみてはどうですか？」「じゃあ、それでやってみろ」。これが後輩や部下の主体性を引き出すリクルートの仕組みだったのだと思います。

部下の「やりたい」を引き出し、「じゃあ、やってみろ」と任せることで部下は育っていきます。さらに上司自身は新しい仕事に挑戦し、マネジャー業務にステップアップしていくことで、みんなで成長していこうとするエネルギーにあふれた職場になっていくのだと思います。

目標への進捗を軌道修正し続ける、夢のミーティング

チームのメンバーが互いに協力しあう組織風土づくりの事例として、私たちＦｅｅｌＷｏｒｋｓが社内で実践している夢のミーティング「ドリミン」を紹介したいと思います。

ドリミンは、「ドリームミーティング」の略です。「会議」という呼び名は、「問い詰められる場」をイメージさせるため私は好きではありません。夢に向かってみんなでミーティングをしよう、という意味を込めて「ドリミン」と名づけました。

私たちの会社では、半年に一度、メンバーに「やりたいこと」を意志表明してもらい、それぞれの持ち味を活かした役割を担ってもらっています。各メンバーの成長を勘案した会社として追求してほしい仕事のテーマ設定はするものの、自分の業績目標は社長である私や上司が課すのではなく、メンバーが自分で設定します。「やらされ感」をできるだけ

なくすためです。

この目標に対して、進捗をみんなで確認し合い、軌道修正する場がドリミンです。自分たちの現状を確認し、現状での課題、その課題を突破するために会社や同僚としてどのようなサポートが必要なのかをみんなで話し合います。

ミーティングは、短期目線の「ウィークリー」と、中期目線の「3カ月に一度」に分けています。ウィークリーのミーティングでは、日々の仕事や、それぞれの役割における動きを共有しながら、どのような連携が必要か、それぞれの持ち場で困っていることで協力し合えることはないかを話し合います。3カ月に一度のミーティングでは、これまでの3カ月を振り返ったうえで、次の3カ月における動きの見通し、想定される課題、必要とされるサポートや連携について話し合います。


このミーティングを通じて目指すのは、自走するチームです。実際に、このドリミンでは、経営トップの私と幹部が対立することも多々ありますが、逆に言うと、それだけ社長の私には考えられなかった知見が出てきているということです。実際に、「そこまで言うのなら、任せるよ」と私が折れることもあり、それが大きな結果に結びつくこともあります。社長に面と向かって意見するメンバーを誇りに思いますし、自由闊達《かったつ》な風土を守り続けたいと考えています。

希望にあふれた職場をつくる上司をスターに

組織と職場の風土を変えていくのは、並大抵のことではありません。しらけた気持ちや腐った気持ちになりつつある社員たちの目を輝かせて、息を吹き返させて、チームを活性化させていくのは、想像以上に時間と労力を費やさなければなりません。

しかも、その推進役を中間管理職が担うのは、立場的にも厳しいものがあります。本人は問題意識を持って改革に臨む覚悟でも、「そんなことよりも、業績をなんとかしろ」と上から発破をかけられたりするわけです。

そのような状況においても、「やっぱり部下とはちゃんと向き合わないといけないよね」「上司の仕事は、何といっても人を育てること」と思っている中間管理職はたくさんいます。その人たちがキーパーソンとなり、オセロの石を1個1個ひっくり返していくように、周りの人を一人ひとり口説き落として変えていくことで、組織や職場が少しずつ変わっていきます。

キーパーソンの地道な努力と忍耐がなければ、組織の風土は変わっていかないという点において、このキーパーソンにスポットライトを当てて、「スター」にしてあげることは非常に大切なことだと考えています。

私たちが長年、「人が育つ現場」づくりを支援している企業では、毎年1年間の取り組みの最後に、改革の推進役を担ったキーパーソンが発表する場を設けています。どんな課題に取り組み、実際にどんな成果を上げたのかを、経営幹部も列席する場で発表してもらうのです。この発表会は、職場づくりに努力を重ねてきたキーパーソンにとっての晴れ舞台です。

また、毎月、隔月、四半期に一度などその会社の状況に応じて頻度は異なりますが、年間を通じて、キーパーソンの活動や職場づくりの進捗を紹介する社内報も発行しています。通常の社内報と違い、業績云々については補足程度にしか触れません。改革のキーパーソンがどんな思いで部下と向き合い、職場づくりを進めているのか、といった内容に特化しています。まさに彼らを「スター」にするための社内報なのです。「人が育つ現場」づくりの事例について、詳しくは拙著『上司の9割は部下の成長に無関心　「人が育つ現場」

を取り戻す処方箋』（ＰＨＰビジネス新書）をお読みください。

中間管理職の人たちは、「もっと部下を褒めなさい」と言われる割に、自分たちが褒められる機会はあまりありません。そんな彼らを褒めて、もっとやる気になってもらうことで、組織や職場が変わっていく大きなきっかけになるに違いありません。

第3章

チームワークができない職場事情

職場で働きがいを得にくい主な理由の一つに、チームワークの欠如が挙げられます。その背景には、職場をまとめる役割を担うべき中間管理職の疲弊、働き手の多様化の波、終身雇用や年功序列の崩壊に対応しきれていない職場の実態があります。ここでは、チームワークが機能しにくい職場事情を見ていきます。

中間管理職の9割は、プレイングマネジャー

『日本の人事部　人事白書　2014』（アイ・キュー）では、中間管理職の驚くべき現状が明らかになっています。中間管理職へのアンケート調査によると、中間管理職のうち、本来の業務である「マネジャー業務に注力している」という人はわずか1・6％に過ぎず、「どちらかというとマネジャー業務に注力している」人を合わせても13・8％しかいないのです。

一方で、「マネジャー業務とプレーヤー業務を同じくらいの割合で行っている」人が26・3％、「どちらかというとプレーヤー業務に注力している」人は50・9％、「プレーヤー業務に注力している」人も9・0％います。つまり、約9割の中間管理職は、マネジャー業務に加えて現場仕事にも時間と労力を割かなければならない「プレイングマネジャー」

というわけです。

現場仕事を担当するプレイングマネジャーには当然、個人ノルマも課せられます。短期業績の達成を会社から求められるかたわら、さまざまなプロジェクトや会議にも駆り出され、さらに部内の手続き的な業務にも追われています。日々の業務をこなすのに手一杯で、「部下育成やチームづくりが重要だというのはわかるけれど、現実的にはそんな余裕もない」とマネジャー業務を置き去りにせざるを得ない中間管理職が多いのが実情なのです。

現場感のない上司の気まぐれ、思いつきに振り回される

マネジャー業務を担うことの醍醐味は、責任と裁量の両方を持ち、自分の意思でチームをダイナミックに動かせ、一人では成し遂げられない大きな仕事ができることにあると思います。

しかし、プレイングマネジャーである中間管理職には、十分な裁量が与えられているわけではありません。現場のリーダーでありながら自分の意思で采配できないだけでなく、裁量を手放さない部長や経営者の気まぐれや思いつきに振り回されていると感じる人も少なくないでしょう。

かつて高度成長期には、課長など現場の中間管理職により多くの裁量が任されていました。敗戦後、日本企業はゼロから復興し発展を遂げてきたわけですが、ビジネスのノウハウが確立されていないなか、現場で働く人たちが試行錯誤しながら、自分たちの努力で困難を乗り越えていくしかなかったのです。

当時は、「課長なのだから思い切ってやってみろ」と現場に仕事を任せ、「最後に責任を取るのが自分の仕事」とドンと構えていた幹部や経営者も多かったものです。現場の多少の失敗は許容される空気があったのは、経済が右肩上がりの時代ならではのおおらかさだったと言えます。

市場環境が厳しくなった今、企業は短期的な業績を重視する傾向が強まり、現場に対する売上達成・コスト削減のプレッシャーが強まっています。同時に、業績に少しでも響く失敗は許されない空気も醸成されています。必然的に経営から現場を束ねる管理職への締めつけは厳しさを増し、現場に思い切って仕事を任せられないばかりか、失敗の責任だけは現場に押しつけるという理不尽な状況も生まれているのです。

日本企業の特徴であった株式の持ち合いが減り、外国人投資家が物言う株主として台頭してきたことも影響しています。短期収益や株主還元を強く求める外国人投資家に対し、経営陣が敏感に反応するようになってきています。必然的に、経営陣からの厳しい要求に応えようとする幹部クラスの朝令暮改が当たり前になっているのです。

実は、中間管理職のみならず部長クラスでもプレイングマネジャー化が進んでおり、現場の混乱を招く要因になっていることも見逃せません。「企業として重要な得意先には部長クラスが直接出向くべき」という管理主義的な発想を持った部長クラスが現場に顔を出すケースもよくあります。なまじ現場に顔を出すから、自分の思う通りに物事が進まないと気になり、重箱の隅を突くようなやり方で現場に口を出すようにもなるのです。

現場感のない上司の気まぐれや思いつきに振り回され、中間管理職はますます余裕を失っているというわけです。

失敗リスクを恐れ、部下に頼れない

中間管理職が本来のマネジャー業務だけでなく、現場仕事も抱え込んでいる背景には、「部下に仕事を任せたくても任せられない」「部下を頼れない」という管理職側の心情も影響しているようです。

管理職の人たちの言い分はこうです。「部下に任せようと思っても、部下が思うように育ってくれない」「最近の若い社員は受け身的で、自分からは動こうとしない」――だから現場仕事も自分でやらざるを得ない、という論理です。

ベテラン管理職たちは、「自分たちが若手の頃はもっと伸び伸び仕事をして、いろんなことにチャレンジしたものだ。今の若い社員も、もっと主体的にチャレンジしてほしい」と言います。

しかし、なぜ若手社員がそうなっているのかと言えば、今の中間管理職自身が受け身的であることに加えて、任せたくても失敗リスクを恐れて任せられない状況に、若手社員が敏感に反応した結果であるとも言えるのです。

たしかに中間管理職が新入社員の頃は、チャレンジして失敗しても、それが許される寛容さが職場にはありました。しかし、近年は企業の短期業績重視の方針から、失敗がなかなか許されない雰囲気になっているのは先ほども述べた通りです。

その代わり、リスクを取らず、無難に物事を進めようとする傾向が強まっています。たとえば、若手社員が新しい発想で企画を提案しても、課長や部長のチェックを経るうちに、リスクの少ない無難な企画への書き換えを指示されたり、却下されたりするということも起きています。

リスクを恐れてチャレンジしない中間管理職を見て、敏感な若手社員はこう思っているはずです。「チャレンジして失敗でもしたら、自分の評価が下がるだけ。それならやらないほうが得なんじゃないか」。その結果、受け身的で自分からは動かない若手社員に代わって、中間管理職自身が現場仕事に手を動かすことになっているわけです。

会社から短期的な成果を求められるなか、「取引額の大きな優良顧客を未熟な部下に任せられない」「部下に任せても結果がすぐに出ない。だったら自分でやってしまおう」と考える中間管理職も多いでしょう。

部下に仕事を任せるよりも、経験豊富な自分がやったほうが早く確実にできるし、人に任せて失敗するリスクを考えれば、自分でやったほうが安心だというわけです。

短期的に見れば、プレイングマネジャーが自ら現場仕事を担当することで、手っ取り早く数字を上げることができるでしょう。しかし、現場仕事に注力すればするほど、マネジメント業務にかけられる時間と労力は減り、部下育成が疎かになってしまいます。

部下が育たないために、若手社員や新人社員がやるべき仕事をいつまでも手放せず、ますます多忙を極めて自分の首を絞めるという状況に陥っています。

ハラスメント対策にすり減る神経

今どきの中間管理職は、業務のことだけを考えていればいいわけではありません。最近は、企業がセクハラやパワハラによるトラブルに敏感になっています。一般的に加害者になるケースが多い上司たちに対して、部下との接し方についてさまざまな指導や注意がなされています。

セクハラやパワハラがないよう注意するのは当然ですが、職場がハラスメントに対して過敏である傾向も否めないと思います。

たとえば、男性上司と女性部下が何気ない雑談をしていたときに、当人同士にセクハラとの認識はまったくなかったのに、それを聞いていた別の女性社員が「あの上司の言葉は不愉快だ」という理由で、社内の人権啓発室にメールで告発したという話すらあります。

このケースではセクハラはまったくの誤解でしたが、普通の会話すらハラスメントと疑われる状況に対し、「そこまで気をつけなければいけないのか？」という上司側の困惑はよく耳にします。

ハラスメントへの意識が過剰になり、「部下が嫌がることはすべてハラスメントだ」という極端な考え方が広まれば、ただでさえ心に余裕がない中間管理職をさらに追い詰めることになりかねません。「部下からハラスメントだと訴えられるのはごめんだ。部下と関わるのは控えよう」という心情も理解できなくもありません。

ここまで見てきたように、中間管理職は現場仕事とマネジャー業務をこなし、個人ノルマも達成しなければならないうえに、セクハラやパワハラにも神経を尖らせなければなりません。しかも、プレイングマネジャーとしてチームの業績に大きく貢献しているにもかかわらず、結果への責任だけ負わされて、仕事への十分な裁量が与えられているわけではありません。むしろ上からの無理難題や気まぐれ・思いつきに振り回されている——。

この状況を、今、中間管理職を務める40代半ば以降のみなさんが働き始めた頃は、想像もしなかったのではないでしょうか。

職場で放置される新入社員たち

職場崩壊によりもっとも割の合わない思いをしているのは、実は新入社員かもしれません。就職活動を終え、これから新社会人として一歩を踏み出そうというとき、彼らの多くが直面するのが「上司や先輩に仕事をきちんと教えてもらえない」という悩みです。

私が営む会社では、管理職に対して部下を育て活かす姿勢やノウハウを学ぶ「上司力研修」とともに、新入社員に対しては、働く心構えを鍛えてもらう「キャリアコンパス研修」や、シーン別にどう上司や先輩とコミュニケーションをとるべきかを考えてもらう「働く人のルール講座」なども提供しています。入社半年後などの節目に行われるこれらの研修で多く聞かれる悩みが、職場で放っておかれることへの不満や戸惑いです。

「上司や先輩にきちんと仕事を教えてもらえない」
「上司は単に『これをやれ』と言うだけで、やり方をまったく教えてくれない」
「周りの先輩に質問したくても、忙しそうなので、怖くて声がかけられない」
「勇気を出して聞いたら『社内マニュアルを読んでから聞きに来い』と言われた」

入社早々、職場で放置されるなど想像もしなかったに違いありません。「研修で人事の人から聞いていた話とはぜんぜん違う」という声もありました。

一方で、上司からすれば、「自分たちが新人の頃も同じような状況だったよ。そんなことで弱音を吐くなんて、これだから今どきの若者は……」と眉をしかめたくなるのかもしれません。

しかし、当時と今とでは職場環境が大きく異なります。必ずしも「ゆとり世代だから」「さとり世代だから」と片づけられる問題ではないのです。

今から20〜30年前、ピラミッド型組織が一般的だった職場には、新入社員と年齢の近い先輩がいたものです。仕事でわからないことがあれば、上司には聞けなくても、身近な先輩に相談できる環境がありました。

ところが今は、少子高齢化の影響で若手社員の数が減少し、新入社員には気軽に話しかけられる同年代の先輩がいません。就職氷河期には新卒採用を一斉に控えた時期が続き、下手をすれば10歳以上も離れた人がすぐ上の先輩であることも珍しくありません。年の離れた先輩には気軽に声をかけにくく、結果として職場で放置される新入社員が続出しているのです。

職場で放置された新入社員は、誰にも相談できず、一人で悩み孤立していきます。その状況に周りの上司や先輩は無関心であることが多いのです。

ある20代半ばの女性が、新入社員時代の苦しかった体験を話してくれました。彼女は大学卒業後、大手企業に事務職として入社。同年代の先輩はほとんどいない職場で、20歳ほど年の離れたプレイングマネジャーの上司が、いつも忙しそうに走り回っていました。

彼女は上司から書類を作成するよう指示されますが、具体的な説明もなく、自力でなんとか仕上げるしかありませんでした。提出すると、やり直しを命じられました。詳しい説明を求めようとしても、上司は不在でつかまりません。自分なりに考えて修正して提出すると、またやり直しと言って戻される。こういう状況がしばらく続き、彼女は体調だけでなくメンタルも崩してしまい、ついには会社を退職してしまったそうです。

しばらくの療養を経て、彼女は社会復帰に向けたリハビリテーションを兼ねて、短期派遣でティッシュ配りの仕事を始めました。私が彼女に出会ったのはその頃でした。

当時、私は働く人の「働きがい」についてインタビューを行っていました。「今の仕事に働きがいを感じますか」と尋ねると、彼女は迷わず「はい」と答えました。その理由を尋ねると、彼女は前に勤めていた会社での辛い経験を明かした後で、ティッシュ配りの仕事についてこう話してくれたのです。

「はじめのうちは誰もティッシュを受け取ってくれませんでした。気持ちが落ち込んでうつむき加減になっていると、目の前におじさんが立っていたんです。『ティッシュ1個くれる?』と言われたので、『どうぞ』と手渡すと、満面の笑顔で『ありがとう』と。そのときはじめて、自分が誰かの役に立ち、『ありがとう』と言葉をかけてもらえたことに、涙が出そうなくらいうれしくなりました」

これは今の職場の崩壊を象徴するエピソードだと思います。「職場におけるコミュニケーション不全」などと大層《たいそう》な言葉で語るまでもなく、「ありがとう」といった日常的な感謝の言葉や、「よくやってくれているね」といった労いの言葉すら職場から消えてしまっていることが問題なのです。

特に今の若者は、核家族化や少子化の影響で、子どもたちだけのコミュニティのなかで育っています。そんな彼らが社会に出て、多様な価値観や立場の人たちとうまく折り合っていかなければならない環境にポンと放り込まれると、周囲との摩擦から心が折れてしまうこともあるのです。

職場で放置される若者の問題は、今どきの若者の責任というよりも、チームワークが機能しない職場や会社の問題だと私は思います。

若手に広まる「会社を頼るな」という風潮

会社は自分たちの面倒を見てくれるわけではない。会社に都合よく使われるだけ使われて、会社に滅私奉公する人生はまっぴらごめんだ――。優秀な若者のなかには、もはや会社に頼らず、自分のことは自分で守ろうと自己武装する風潮が見られます。

その典型的な動きが、2010年前後に起きたスキルアップブームです。就職氷河期世代は、「右肩上がりの成長」や「年功序列」が過去のものであることを骨身にしみて感じています。そのため、企業社会で生き残っていくには自分磨きに努めることが重要だという意識が強く、勉強熱心な傾向があります。

高度成長期には誰もが感じていた、「頑張って働けば給料が上がり、結婚して家族を持てるようにもなり、いつか郊外に一軒家が持てる」という感覚は今の若者にはありません。

その代わり、若手世代の論客代表であった古市憲寿さんが書いた『絶望の国の幸福な若者たち』（講談社）に象徴されるような、「会社や日本がどうなっても、自分が幸せであればいい」という考え方が出てきています。将来に希望を見い出しにくい世代だけに、若者が自己研鑽に励む裏にはそのような意識も見え隠れします。

こうしたスタンスが、年配の上司には利己的に映って反発を覚えるかもしれませんが、大人社会が生んだ若者の防衛意識なので仕方がありません。

若者の間でワークライフバランスを重視する傾向が強まっていますが、これも若者の自己防衛意識の表れといえます。

私が教える大学の学生たちと話していると、女子学生だけでなく男子学生も「ワークライフバランスの制度が充実した会社で働きたい」と言います。充実した人生を送るためにワークライフバランスの考え方は大切ですが、それにしても結婚はまだ先という学生が、育休や産休、時短勤務のことを本気で心配しているのです。

彼らがしきりに口にするのは、「会社に入ると長時間勤務を強いられて、体力が持つか心配なうえ、自分の時間や家族や友だちとのつながりまで失ってしまうのではないか」という不安です。就職すれば自由な時間が減ることに対して、どの世代も少なからず不安に感じていたものです。しかし、今の若者の捉え方はもっと深刻で、恐怖にも近い感情を抱いているようです。

若者の自己防衛の意識には、彼らにとっての「幸せの価値観」が大きく影響していると思われます。その価値観は、私たちバブル世代のものとは随分変わってきています。

10年ほど前、新人研修である男性の新入社員が、将来の夢についてこう話しました。

「将来の夢は、結婚して幸せな家庭を持つことです」

私は、耳を疑いました。20年くらい前までは、「自分らしく働いて天職を見つけたい」「自己実現したい」と話す新人が大半でした。「結婚して家族を持つ」ことはあえて口にするほどの夢ではなかったはずです。

今の若者は「結婚して幸せになること」が夢だと言います。昭和の頃にはごく当たり前だった、適齢期になればみんな結婚するものという常識が崩れてしまったうえに、仕事に夢や希望が持てなくなったということでしょう。大学の授業で学生に聞いても、「就職するのが楽しみだ」という人はほぼ皆無で、「就職するのが不安」という人が9割以上です。

背景にあるのは、やはり将来へ希望を持てないことです。今はがむしゃらに働いても給料が確実に上がっていく時代ではありませんし、将来のキャリアも不透明です。ブラック企業の悪評判や非正規雇用者に広がる貧困問題なども見聞きし、自分もいつそのような境遇に陥るかわからない不安を漠然と抱いている若者も多いようです。

将来に希望が持てないなか、できるだけ効率的に、無理なく無駄なく稼いで、自分の人生を守るのが賢いやり方だと考える若者が増えているのです。

新人を押しつけ合う、上司と人事の綱引き

仕事はほどほどに、効率よくさっさと済ませ、私生活を充実させることで幸せを感じたいと思っている若者。そんな彼らのことを、高度成長期の価値観を引きずる40代半ば以上の上司世代が理解するのは容易ではありません。また、上司世代にとって不可解な若者の言動を「ゆとり世代」や「さとり世代」といった言葉でくくろうとしますが、これも彼らの実態を捉えているとは言えません。

私の考えでは、今の若者は次の二つのパターンに分かれると思います。

一つは、受け身型の若者です。こちらから指示しないと動かない、あるいは指示されたこともなかなかやらない。上司からすれば「やらない」と見える人たちです。

もう一つは、やたらと意味を求める若者です。上司が指示すると「何のためにこれをやるんですか」「これって意味があるんですか」といちいち突っかかるタイプ。素直に「はい」とは決して言わない、非常に扱いづらい相手です。

どちらのタイプも、言動の裏にあるのは「自分だけ損したくない」という意識ではないでしょうか。

若者が受け身であるのは、「自分から積極的に動いた結果、もし失敗でもすれば叱られるのは自分」「いくら上司の指示でも、プライベートを犠牲にしてまで仕事するのは損」と思っているからです。あるいは、きちんと教えられていないので、どうやればいいかわからないという理由もあるでしょう。

一方で、意味を求める若者たちは、「自分のスキルアップや成長につながらなければやる意味がない」と思っています。

これに対し、年配の上司は「俺たちは『やれ』と言われたら『わかりました』とやったものだ」と憤慨します。ただ当時は「理不尽にも耐えていればいずれ給料が上がる」と信じることができた時代でした。今の若者はそうは思っていません。だから「何のためにやるんですか？」と聞くわけです。

自分からは動こうとしない若手社員に対し、ただでさえ多忙を極めるプレイングマネジャーはお手上げの状態です。


そこで勃発するのが、「新人を教育するのは誰か」という責任のなすり合いです。「もっと使えるようになってから現場に配属してほしい」と不満を募らせる現場リーダーと、「仕事は現場でのＯＪＴ（日常業務を通じた従業員教育）で覚えていくものだ」と考える人事。新人教育をめぐる両者の対立は、大企業になるほど深刻です。

問題の根っこにあるのは、「自分だけ損したくない」という若者の防衛意識です。そのことを上司や現場リーダー、人事も理解する必要があるでしょう。その若者意識を醸成したのは、大人たちがつくってきた社会だということも忘れてはならないと思います。

帰属意識がない社員たち

チームに貢献しようとしない社員も、職場では問題になっています。

上司の悩みとして、「なぜ、もう少し想像力を働かせて、チームのためになる動きをしてくれないのか」という声をよく聞きます。たとえば、隣の席でトラブルが発生していても無関心で、サポートしようとしない。顧客からのクレームに対して、「私の担当ではないのでわかりません」とガチャンと電話を切ってしまったりする——。自分の守備範囲内でしか仕事をしない社員が増えていくと、連携不足による抜け漏れやミス、顧客からの信頼失墜、ビジネスの機会損失を招きかねません。

ここで「今どきの社員は帰属意識が薄い」と非難することは簡単ですが、部下をそうさせている責任の一端は上司側にもあるのではないでしょうか。なぜなら、そもそも部下の多くはなぜチームに貢献しなければならないのか理解していません。仕事の目的やチーム全体における自分の役割を、上司から教えてもらったことがないからです。

私自身の経験をお話ししましょう。サラリーマン時代、私の職場でもチームワークの不在、部署間の連携不足が問題視されていました。私が就職情報誌や就職情報サイトなどを統括する編集長に就任したとき、チームリーダー一人ひとりと面談し、「あなたの仕事は何ですか」と質問してみたのです。ある人は「私の仕事は営業推進です。営業に対して商品情報を伝えています」と答え、ある人は「私は進行管理担当として、制作会社とやり取りしています」と答えました。誰もが自分の担当業務については説明できるし、真剣に取り組んでいます。

しかし、誰一人として、「チーム全体が何のために働いているのか」という目的を語る人はいませんでした。その就職情報誌でいえば、「よい就職をしたいと願う学生の就職活動を応援する」ことが目的としてあってしかるべきですが、そういった目的を意識しながら仕事をしていた人はいなかったのです。チーム全体の目的が共有されていなければ、メンバーが自分のことだけを考えて仕事をするのも無理ありません。

私は再びメンバーを集め、自分たちの仕事の目的を確認するとともに、それぞれの持ち味を活かした役割があることを組織図で説明しました。すると、日々モヤモヤしていた部下から順に「あぁ、そうか」と気づき始めるわけです。隣のメンバーがどんな役割を担い、自分の仕事にどうつながっているのか。それが理解できると、「他のメンバーが困っていたら助けよう」「この作業はお互いに連携しながらやったほうがいいね」などと、チーム全体を意識した発言が飛び出すようになりました。

チームへの帰属意識は、部下との丁寧な対話を通して育てていくものです。「もっとチームに貢献してほしい」と上司は苦言を呈《てい》する前に、部下の帰属意識を高めるための働きかけをしてきたのか、自分に問いかけてみてほしいと思います。

すぐ辞める若手社員が急増

帰属意識の薄さに加えて、最近は会社をすぐに辞めてしまう若手社員も増えています。これが上司の頭を悩ませています。

就職氷河期が続いた2010年過ぎまでは、若手社員はようやく手に入れた正社員のポジションをみすみす手放そうとはしなかったものです。会社を辞めれば、再び正社員の職に就ける保証はなく、非正規雇用者として苦しい状況に陥ることに彼らは危機感を感じていました。最近の若者は受け身的だと先ほど述べましたが、これは「下手な挑戦をして失敗し、自分の評価を下げて正社員の立場を棒に振りたくない」という彼らの防衛意識の表れとも言えるでしょう。

ところが最近、人材育成の現場でよく耳にするのは、まったく逆の話です。すぐに会社を辞める若手が急増しているというのです。

2014年から15年にかけて完全雇用の状態になり、第二新卒者にも転職のチャンスが広がっています。今どきの優秀な若者は、新卒入社と同時に転職エージェントに登録し、より〝おいしい〟条件の転職先があれば転職しようと狙っています。「売り手市場になってきた今なら志望の会社に入り直せるかもしれない」と思えば、不本意ながら就職した会社にさっさと見切りをつけ、辞めていくケースが増えてきているのが実情なのです。

もし、若者が会社に対して帰属意識を持ち、職場の先輩や同僚たちとの絆が育まれていれば、話は違っていたでしょう。今の若者は仲間を大事にします。「この会社で出会った人たちを裏切りたくない」という心理が働き、会社を辞めようとは思わないかもしれません。

しかし、実際には職場で人間関係は醸成されず、むしろ地元の友達コミュニティに若者の居場所があります。会社を辞めても地元の友達がいればいい——。若手が躊躇なく会社を辞めてしまう理由はそこにもあります。

完全雇用の人手不足時代に慌てふためく企業

若手がすぐに辞めてしまう状況において、もっとも痛手を被っているのはサービス業や中小企業でしょう。なかでも地方の中小企業は、若手人材育成における三重苦に直面し、苦労しておられるようです。

一つ目の苦労は、そもそも若手が採れないという問題です。私たちが中小企業経営セミナーで訪れる地方でも、採用広告を掲出したり、新卒斡旋など新手の採用サービスを利用したり、会社説明会で社長が熱弁をふるったりしても、採用が難しい状況を目《ま》の当たりにします。

また、２０１６年入社から採用選考の解禁スケジュールが大学4年生の8月からと、従来に比べて大幅に遅くなったことも、中小企業の採用活動に打撃を与えました。以前は春頃に大企業が内々定を出し、そこで選考に漏れた学生や納得できなかった学生が中小企業に対して就職活動を行い、秋口に中小企業が内定を出すという流れがありました。ところが、活動時期が後ろ倒しになったことで、大企業と中小企業の採用時期が重なり、中小企業が苦戦を強いられる事態が起きてしまったのです。２０１７年入社からは、混乱の反省から解禁が6月と少し早くなりましたが、中小企業が苦戦する状況はあまり変わっていません。

二つ目の苦労は、若手を採用しても定着しないという問題です。新卒斡旋サービスを利用すると、直接コストだけでも一人あたり60～80万円の採用費用がかかります。加えて、新入社員を教育するにもお金と手間がかかります。中小企業の場合、ある程度の内定辞退者を見越して内定を多めに出す傾向がありますが、若手の採用と育成にこれだけ投資しても、入社してくれた若手のうち、さらに半数が1年以内に辞めてしまうという危機的状況に陥っている企業もあるのです。

そして三つ目の苦労が、若手が育たないという問題です。すでに指摘したような中間管理職のプレイングマネジャー化、チームワークの不在、職場の崩壊などで若手を育てる現場環境が失われているのに加え、若手自身の保守化も進み、若手が育ちにくくなっています。

中小企業の経営者にとっては、就職先に自分の会社を選んでくれた大卒の新入社員には大きな愛情を感じて、「将来の幹部候補に育てたい」と意気込む社長もたくさんいらっしゃいます。しかし、1年も経たないうちに若手社員が辞めていく現実に直面し、裏切られたような傷心を味わっています。

ただでさえ人手不足に悩む地方の中小企業は、「若手が採れない、定着しない、育たない」の三重苦に見舞われ、ますますのピンチに陥っています。

部下をライバル視して、つぶす上司

これまでは、職場が崩壊する現状で若手がどのような状況に置かれているのかを見てきました。ここからは、上司側の事情にスポットライトを当てていきます。

年功序列で順当に立場やポジションが上がっていった時代は過ぎ、優秀であれば30代でもプロジェクトリーダーを任される人がいる一方で、50代になっても平社員に留まる人も珍しくない時代になりました。特に余剰感の強いのがバブル世代です。50代になっても約半数の人が課長にもなれないのが現状です。

そのようななか、限られたポジションを上司と部下が争うような職場も増えています。部下を育成すれば、自分の居場所をなくすことにもつながる。そうした危機感も上司にはあります。優秀な部下は、早めにつぶしておこうとする力が働くようになっています。

手柄の横取りは、典型的なパターンです。たとえば、部下が時間をかけて成功に導いたプロジェクトや、長年のアプローチの末にようやく受注に至った案件を、人事異動でやってきたばかりの部長があたかも自分の業績のように役員に報告したりします。役員は現場の詳細を把握していないうえに、部下の手柄を横取りする部長に限って〝イエスマン〟であることが多く、役員の覚えはいいわけです。「彼はすごくよくやってくれている」と部長の評価が上がる一方で、現場にはまったくスポットライトが当たらずに腐っていく、というのはよく聞く話です。

ある50代前半の部長さんが、冗談でおっしゃっていたことが象徴的でした。この部長さんは、30代の優秀な社員から次の管理職候補を推薦する立場にいらっしゃる方です。晴れて管理職に昇進した社員が挨拶に来ると、必ずこう言うそうです。

「僕はもうすぐ役職定年だから、そのあと僕のことを頼むよ」

上司と部下の立場がいつ逆転するかわからない不安のなかで、部下育成に親身になって取り組めない上司が増えているのです。

一億総活躍で、多様化が進む職場

崩壊しつつある職場に、今は多様化の波が押し寄せています。2015年8月に女性活躍推進法が成立し、翌16年4月から施行されました。女性が活躍できる職場の実現に、企業が本腰を入れ始めています。

女性の活躍だけではありません。高齢者、非正規雇用者、外国人など、あらゆる人が活躍できる職場が求められています。さらにはLGBT（レズビアン、ゲイ、バイセクシュアル、トランスジェンダーなどの性的マイノリティ）への配慮も、大企業では当たり前のように議論されるようになっています。詳しくは拙著『この1冊でポイントがわかる　ダイバーシティの教科書』（総合法令出版）をお読みいただきたいと思います。

企業が多様化を進める背景には、少子高齢化時代における労働力不足への危機感があります。労働力を確保するために、女性や高齢者、障がい者など多様な人材を活用する必要性に迫られています。

もちろん、多様性を積極的に推進するメリットもあります。一人ひとりの持ち味や強みを活かすことで、組織の活性化、イノベーションの創出、知恵を集めた衆知経営が期待されています。

私が営む会社では、多くの大企業で女性をはじめ、多様な人材が活躍できる風土づくりも手掛けているのですが、そこで痛感するのは多様性を推進するメリットよりも、多様な人材を受け入れることのデメリットに悩んでいる企業が多いということです。世代や文化、宗教が違う人々が集えば、仕事や働き方に対する考え方が異なるのも当然のことです。いろいろな人がそれぞれの立場で主張し始め、職場はますますまとめるのが難しくなっていきます。多様化の流れに乗って「なんとなく多様化を進めている」という企業ほど、状況は厳しくなって混乱しています。

多様化を進める本来の目的は、一人ひとり異なる持ち味や強みを活かすことです。個人の立場から見ても、自分の持ち味や強みを活かせる職場は働きやすく、「働きがい」も生まれます。企業と個人のウィン・ウィンの関係こそが、多様化が目指すべき本来の姿と言えるでしょう。

今、「多様化」と呼ばれ推進されているものは、女性であること、外国人であること、LGBTであることなど、世代や性差、国籍、文化、宗教の多様性が主語で語られているような気がします。もちろん、それらの違いがあるからこそ、それぞれの持ち味や強みが生まれるのですが、残念ながら、もっとも重要な持ち味や強み自体にはあまりスポットライトが当てられていません。この焦点のズレが問題の真因だと私は考えます。

そう考えると、女性管理職やマイノリティの採用に数値目標を課し、多様化を一律に進めることには無理があります。業界によって女性の割合も違えば、女性の持ち味を活かせる職場とそうではない職場があるからです。それを考慮せず、何でもかんでも多様化すればいいとなると、職場はさらに崩壊するでしょう。欧米の研究を見ても、多様性が企業の成長に必ずしも貢献するとは言えないという主張もあります。それは今述べたような背景があるからだと思います。

さらに言えば、いかに多様化が進んだ職場であっても、企業が目指すべき目的やビジョン、志は一枚岩でなければならないと思っています。言い換えれば、目的やビジョン、志のもとに多様な人材が集結し、持ち味を活かし合ってこそ、組織は活性化され、イノベーションが生まれます。しかし実際には、多様化の如何にかかわらず、これがあまり語られていません。

職場の多様化は、正しく推進すれば企業の力になります。しかし、本来の目的を深く考えず、形だけ多様化を求めても、職場崩壊を深刻化させるだけです。

親子ほど年が離れた部下の指導に苦しむ

新卒採用を抑制した時期が長く続き、若手社員がほとんどいない職場では、新人が配属されると中間管理職自身が、直接指導に当たることになります。自分より下の世代が少なく、後輩や部下の指導経験が少ない管理職も多いことを考えると、親子ほど年が離れた部下の指導は大変だと思います。

20歳も年齢差があれば、仕事に対する考え方や価値観、普段話す言葉も違います。相手が何を考えているのかわからず、対処に戸惑う管理職も少なくありません。

この状況を改善しようと、20代や30代の若手を中途採用して年齢ピラミッドをもとに戻そうとする企業もあるようです。しかし、そもそも若者の数が減っているため、これまで述べたように若者の採用も難しくなっています。また、別の会社の価値観に染まった20代や30代を入れても、従来のピラミッド構造に馴染ませることは容易ではありません。かえって異物と認識された中途採用者が、組織の論理でつぶされてしまったり、逆に組織にハレーションを起こしたりして問題になっているのが実情です。そもそも中途採用は、社内にない異質の能力を採り入れるためにも実施しているということを忘れてはいけません。

このように考えると、親子ほどの年の離れた相手にＯＪＴを行わなければならない現実は、変えようがないものとして受け入れる他ありません。そのうえで、教える側のコミュニケーションスキルを高め、また若手側には自ら学び取る姿勢を身につけてもらうなど、現状を前提とした人材育成の新たなモデルをつくっていく必要があるのではないでしょうか。

非正規従業員の増加で、教える機会を失った

中間管理職の人を育てるスキルが弱まっているとするなら、それは派遣社員や契約社員など、非正規雇用者が職場に増えたこととも無関係ではありません。

一般的に、正社員が担う業務と、派遣社員や契約社員など非正規雇用者に任せる業務は

区別される傾向があります。正社員にはある程度抽象度が高く、創造力が求められる仕事を任せ、非正規雇用者にはすぐに覚えられて作業に取り組めるルーティン業務を割り当てようとします。

ルーティン業務については、参照用のマニュアルを作成しておけば教える必要はありません。また、プロジェクトごと外部企業に委託する場合は、外部企業のプロジェクトリーダーのみ指導すればいいことになります。したがって、たとえ職場に若いメンバーが多くても、直接教える対象ではないことが多いのです。

誰かに教えることが、実は人が育つためにはもっとも効果的です。人に教えることで、自分の仕事を振り返り、培ってきた仕事に対する考え方を整理し、別の場面への応用など新たな気づきを得ることができるからです。

職場に非正規雇用者が増える現状では、中間管理職が部下を指導する機会が極端に減っています。彼ら自身が成長する機会も失われていると言えるのではないでしょうか。

年上部下は元上司。指導などできるはずもない

ある大手メーカーで、管理職就任1年後の振り返り研修を行ったときのことです。今、業務で困っていることを尋ねたところ、9割ほどの人が手を挙げたもっとも多い悩みは「年上の部下とのつき合い方」でした。

年功序列が消えつつあるグローバル企業では、特に30代後半で課長に昇進すると、かつて自分の上司だった人が降格して部下になるケースも珍しくありません。立場が逆転したお互いの心情を慮《おもんばか》り、遠慮し合うため、かえって仕事がしづらいと感じる人も少なくありません。

年下上司がもっとも気を遣うのは、年上部下の人事評価です。人事からは、「あなたが組織図上は上司なのだから、相手が元上司であっても人事評価をやるように」と言われます。ただ人事評価はまだしも、直接本人に面談でフィードバックするのはやりにくいものです。この点は、人事としても多少は配慮する必要があるのではないかと思います。

年下上司の悩みとしては、年上部下が昔ながらのやり方にこだわって困るという話もよく耳にします。「上司だった頃は、苦手なパソコン作業を部下に代わってやってもらえたのかもしれませんが、もう上司ではないのだから、ITリテラシーを高めて基本ソフトくらい使えるようになってほしい――」。たとえば、このように元上司に注意を促したいけれども遠慮して言えない、あるいは注意しても行動を改めてもらえないと言います。

一方で、年上部下のうち、管理職経験のある人にすれば、自分自身がマネジメントの苦労を知っているからこそ、年下上司に対して気を遣う場面も多いようです。

ある会社で経営方針が変わり、年下上司がミーティングでメンバーにそのことを伝える場面での出来事を紹介しましょう。メンバーのなかで年上部下だけが仏頂面をしているのが目に留まり、年下上司が気になって「何かご意見はありますか」と水を向けると、「こんな方針は無茶苦茶だ。現場のことをまったくわかっていない」と猛烈に反論したのです。「こんなふうに文句ばかりだから、この人は出世できないし、チームでの居場所もなくなってしまう」と年下上司が漏らす一方で、年上部下にも言い分はあります。

「会社の方針転換には反対でした。しかし私は、上司が経営との板挟みで苦しい立場だということもわかるので、黙っていたのです。それでも彼が意見を求めてきたので、素直に思うところを言ったまでです」

このように、年下上司と年上部下がお互いに配慮していても、コミュニケーションが取れず関係が悪化することも珍しくありません。

上司が部下に気を遣う時代

かつては部下が上司の顔色をうかがったり、叱られることに気をもんだり、上司に何かと気を遣っていたものです。ところが今は逆で、上司が部下の顔色をうかがう時代になりました。

その背景にあるのは、年功序列や終身雇用が崩れた今、それらを笠に強権的な上司の言動がまかり通った時代は終わり、さまざまな個人の事情に配慮しなければならない多様性の時代であるということです。時短勤務で働く人や、介護問題を抱える中高年社員など、雇用形態が異なる人たちが同じ職場で働くようになり、それぞれに対してどのように声をかけたらいいのか、上司は悩み、気を遣っているのです。

管理職研修で、複雑な心の内を吐露してくれた方がいらっしゃいました。

「多様化が進むなかで、部下のさまざまな事情に配慮し、こちらから歩み寄っていかなければならないことは理解できました。しかし、なぜそこまでして部下に気を遣わなくてはならないのでしょうか。自分が部下のときは、そのように気を遣われたことは一度もありません」

この方の気持ちも理解できます。このように、職場の多様性を認めるべきだと頭では理解していても、気持ちのうえで納得していない上司は多いのではないでしょうか。

部下の事情を配慮しなければならない現状を苦々しく感じるのは、上司が慣れ親しんできた働き方に対する考え方や価値観から今も抜けられないからだと思います。

かつて高度成長期には、男性が会社で働き、女性は家を守るという役割分担が進んできました。男性は外で猛烈に働いて、会社が求める残業や転勤にも応えることができたのは、家のことは全て女性に任せることができたからです。

ところが今は、少子高齢化によって若い働き手が減り、男性だけでなく、女性や高齢者など多様な人材を活用しなければ労働力が足りない時代になっています。結婚や出産、子育て、親の介護など、ライフイベントや家庭の事情によって働く時間や場所に制約を受ける人たちがマジョリティ（多数派）を占めるようになれば、それぞれの事情に配慮しなければビジネスが成り立たないという現実があります。

50代や60代の上司や経営者は、「男性中心のピラミッド構造」のなかで猛烈に働いてきたので、「頑張って無理をすれば何とかなる」とつい考えがちですが、その発想はもはや通用しません。男性中心の企業組織を支えてきた「男性は外で働き、女性は家を守る」という構図そのものが崩れている現実を直視しなければなりません。
そのうえで、人材、時間、知見などあらゆることが有限であるという前提に立ち、最適なポートフォリオを組んで、最大の成果を上げることを考えていく必要があります。

希薄化する職場の人間関係

ジャパン・アズ・ナンバーワンの時代が過ぎ、中国にもGDPで抜かれた日本は、世界経済への影響力をじわりじわりと低下させてきました。今も世界ナンバーワンの経済大国であるアメリカと比較すると、アメリカが製造業からIT中心の産業構造へうまく転換を遂げ、金融業の伸びも相まって勢いを保っているのに対し、日本は製造業に代わる次の産業をいまだ育てられていません。これも日本低迷の理由でしょう。

そこで既存産業の生産性を高めようと、多くの企業が「業務の効率化」や「残業禁止」をスローガンに掲げて取り組んでいますが、残念なことに、これが職場のチームワークをさらに弱める結果になっていることも否めません。心ある上司は、部下に声をかけてコミュニケーションを増やしたいと思っていても、業務効率化や残業禁止の御旗のもとでは、業務時間内に雑談するのもままならないのが実情でしょう。

生産性を高めるという点では、欧米企業では一人ひとりのデスクを衝立《ついたて》で仕切ってボックス型の空間をつくり、そこで仕事をするスタイルが一般的です。周りの視界や音を遮断することで、仕事に集中できる環境が生まれ、生産性も上がるという考え方です。日本でも同様のスタイルを導入する企業がありますが、うまくいくとは限りません。なぜなら、日本と欧米では仕事のやり方が異なるからです。

欧米企業の仕事のやり方は「ジョブ型」です。一人ひとりの職務要件が明確かつ機能的に分化・統合されています。「あなたの仕事はここまで」とはっきりと決められているうえに、それぞれがプロフェッショナルとして担当業務を全うすることが求められています。それゆえ、各人が壁で隔てられたボックスのなかで仕事をしていても、チーム全体として成果を出すことができるのです。

一方、日本企業は「メンバーシップ型」です。職務要件が明確ではない代わりに、お互いに協力し補い合うことで、全体の完成度をすり合わせながら高めていくという仕事のやり方です。この場合、メンバー同士の連携が欠かせません。

持ちつ持たれつの文化的背景を色濃く残す日本企業の職場に、ジョブ型のスタイルだけを取り入れても、まったく間に機能不全に陥ることは目に見えています。しかも、お互いの間に物質的な壁をつくることで、余計に声をかけ合えなくなり、バラバラな職場を加速させるという悪循環に陥るでしょう。

誤解がないようにしていただきたいのですが、私は「業務の効率化」や「残業禁止」を進めるな、と言っているわけではありません。「ジョブ型」を否定しているわけでもありません。人間は感情を持つ生き物であり、合理的な計算だけで生産性が上がるわけではないため、チームメンバー同士のコミュニケーションこそが重要であり、ここにこそ、もっと手を打つべきだと主張しているのです。特にメンバーシップ型の働き方がしみついてきた日本の職場においては、表面的な形だけ欧米式を取り入れてもうまくいかないのです。

同僚が何をしているかわからない

職場へのＩＴ導入によって、働く環境は劇的に進化しています。たとえばＷｅｂ会議システムを使えば、遠隔地で働く人や自宅勤務の人とも隣で会話する感覚で打ち合わせができるような環境が生まれています。場所や時間の制限を超えてコミュニケーションができる状況は、歓迎すべきことだと思います。

一方で、コミュニケーション手段がメール中心になったことで、会話によるやり取りが減っています。それによる弊害も生じています。

メールが登場する前は、顧客や取引先など外部との連絡手段は電話が主でした。職場では誰かしらの電話で話す声が聞こえ、漏れ聞こえる話の内容から、メンバーが今どんな案件を抱えているのか、また、業務上でどんなトラブルが発生しているのかおおよそ見当がついたものです。

ところが、今はメールでのやり取りに終始するため、隣の席の同僚が今何の仕事をしているのかさえもわからないことが珍しくありません。「なんとなく困っていそうだから手を貸そう」とか、「私が入手した情報が同僚の仕事にも役に立つかもしれない」など、以前ならごく普通に行われていたサポートや連携が行われなくなっています。

さらに、机を並べて仕事する同僚にもメール連絡が当たり前になると、チーム内での会話もなくなっていきます。連絡事項は文字情報で伝えたほうが、正確に伝わるというのも一理あります。しかし、顔を合わせることで連絡事項以外の雑談にも花が咲き、それによってお互いの距離が近づく経験は誰にでも身に覚えがあると思います。円滑な職場には、雑談も必要なのです。

働く時間や場所に制約がある多様な人も一緒に働く時代だからこそ、互いを理解し連携していくためにコミュニケーションの質を高めなければいけません。技術が日々進化するITはそのためにこそ使うべきなのですが、この目的を軽視し、手段であるIT導入ばかりに躍起になる企業が多いように感じます。ITばかりに頼っていると、コミュニケーションをスムーズにするためのツールのはずが、かえってコミュニケーション不全を引き起こす結果になりかねません。各人の職務要件があいまいで、相互の連携により仕事を進めていくメンバーシップ型の日本企業組織においては、特に注意する必要があると思います。

コミュニケーション不全による職場崩壊

チーム内で不平不満が聞こえてきたり、ギスギスした雰囲気になんとなく気づいていても、目先の業績達成に追われて余裕のない経営者や中間管理職は、ついその問題を放置しがちです。ただ、そうしているうちに、職場崩壊はますます進むことになります。

社内の声を聞かなかったために経営不振に陥った、ある地方のサービス企業の話です。40代半ばの二代目社長が話してくれました。先代から継いだ会社は、「若手が採れない、定着しない、育たない」の三重苦に加え、地方衰退に伴う市場縮小の荒波にも直面し、売上はピーク時の半分。そこにきて超巨大資本のライバル会社2社がエリア内に進出し、競争は激しくなる一方です。

社内を見渡すと、リーダー層は先代社長が育てた古参社員ばかりで、社長の味方となる社員は一人もいない状態だったそうです。

どうしていいかわからず、最初に彼が採ったのは、有無を言わせない社内号令でした。「経営環境が厳しいのはわかるだろう？　これはとにかく仕事なのだから、やれ！」と数値目標を示して社内に命じたのです。

そこで何が起こったかというと、ベテラン社員からの総スカンでした。誰も動こうとしません。聞こえてくるのは、「また社長が何か始めたよ」という陰口ばかりです。

窮地に立たされた社長は、起死回生の手段として、広告で集客をかけることにしました。ところが、広告を打たなくても会社のことは地域の誰もが知っています。業績は上がらないどころか経営は一気に傾き、倒産寸前にまで追い込まれたそうです。

会社を窮地から救ったのは、従業員との対話でした。万策尽きた社長は、従業員の前で頭を下げたそうです。「どうすればいいか、教えてくれないか」

するとベテラン社員からいろんな意見が出されたと言います。

「ライバル会社に対抗して夜10時、11時まで営業しているけれど、この地域は高齢者が多いから、夜はお客さんがほとんど来ない。営業時間を短縮して、そこで余った人員とパワーで新しいことに挑戦したらどうか」

「お年寄りは外を出歩けないから、こちらからお客さんの家を訪問して要望を聞くのはどうだろうか」

従業員の提案を採用し、現在は夜7時で営業を切り上げています。新たに始めた高齢者宅への御用聞きサービスや、地域コミュニティのための憩いの場が好評で、業績が上向いていったそうです。

職場でのコミュニケーション不全を放置したり、協調できない人はいらないと思っている経営者や中間管理職は、もしかするとそこまで切羽詰まっていないのかもしれません。なぜなら、職場がバラバラでも短期的にはそれほど支障がないのも事実だからです。

一方で、全国各地の企業に伺って感じるのは、崩壊する職場が及ぼす影響は、大企業よりも中小企業や地方の企業のほうが先に広がり、かつ深刻だということです。

ここで紹介した社長の場合は、経営のピンチではじめて従業員の声に耳を傾けたわけですが、この例のようにコミュニケーションを取り戻すことで職場が再生していくことはよくあります。

メンバーの声に耳を傾け、意見を吸い上げ、形にしていく。意見を聞いてもらえたメンバーは、「自分を認めてくれた」とうれしく思うことでしょうし、結果につながれば仕事の手応えを感じることができます。職場に増えた笑顔が、ポジティブな循環を生み出し、職場を元気にしていきます。

第4章

「働きやすさ」ではなく、「働きがい」

企業が働きやすい職場を実現しようとさまざまな取り組みを行う一方で、そこで働く人たちの「働きがい」はあまり議論されていません。この章では、人が生き生きと働けるために必要な要素でありながら、置き去りにされがちな「働きがい」について考えたいと思います。

ドラマ『下町ロケット』に感涙したのは誰か

町工場を舞台に夢を追いかける人々の奮闘を描いた『下町ロケット』。この人気テレビドラマを見て、感動した人も多かったのではないかと思います。『下町ロケット』のどの部分に感動したのか、私の周りの声を紹介しましょう。

「社員が自律的に動き始める姿に感動しました。最初は社長が無理難題を言っているとか、社長の意図が理解できず反対ばかりしていた社員が、何かのきっかけで自律的に動くようになるんです。社長が孤軍奮闘している姿や、何かを達成しようと努力する仲間の姿を見て、自分ができることをやり始める。それはたぶん、『これをやりたい』という気持ちからだけでなく、自律的に動くことがかえって自分を助けることになるとか、自分を高めることに気づいたからだと思うんです」

「社員たちは、問題を自分事と捉えたときから変わっていったような気がします。医療機器への本格参入に対して、会社の利益にならないからと反対していた営業マンが、自分の子どもと重ね合わせて事業の意義を捉え直したとき、『この仕事はやるべきだ』と考え方が変わりました。そして、事業を主体的に進めていくキーパーソンへと変わっていったのです。仕事の意義を自分なりに深く理解し、その後は全力で目標に向かって突き進む姿に感動しました」

「自分は何をしたいのか、そもそもどういう想いで会社に入ったのか、を思い出すことで初心に立ち返り、その純粋な想いを成し遂げようと変わっていく姿がよかったですね」

これらのコメントに共通するのは、「一人のリーダーの行動に共感し、仕事の喜びや仲間と力を合わせることの楽しさに気づいていく」ということだと思います。それはつまり、たとえ、ハードな仕事であっても、そこに意義や意味を見出せるからこそ、前向きに取り組める。また困難な状況でも、ともに戦う仲間がいるからこそ、あきらめずに頑張れるということだと思います。

高待遇や福利厚生が充実した働きやすい大企業とは対極の町工場が舞台のドラマだからこそ、今、本当に働く人たちが求めている真理がそこにあると私は思います。

社会貢献型NPOを目指す若者たち

私は今、大学で教えていますし、私が営む会社では若者が集うイベントを毎月主催していたので、若者との距離は近いほうだと自負しています。若い人たちと膝を突き合わせて会話して感じるのは、今の若者は社会貢献欲求が非常に高いということです。

私の会社でインターンシップとして働いていた男子学生は、卒業旅行はアルバイトして貯めたお金で、アジアの貧困の国々にボランティアに出かけると話していました。バブル入社世代の私たちの頃は、卒業旅行といえば「ちょっと贅沢にハワイで羽を伸ばそう」という感覚でした。「なぜ、わざわざボランティアに？　しかも自分で貯めたお金で？」と不思議に思って理由を尋ねると、「僕たちが関わることで、貧しい国の子どもたちが目を輝かせてくれるのが楽しい」と言うのです。

また、別の会社員の若手男性は、家賃3万円のシェアハウスに住み、服はスーツ2着と私服1~2着しか持たず、物に対する執着心がまるでありません。休日はバックパッカーとして全国各地を回るのが趣味。地方が衰退する現状を目の当たりにし、「僕らのような若者が地方に行くことで、何かできるかもしれない。将来は地方創生に関わる活動で起業したい」と話しています。

私の周りの若者に限らず、若者の社会貢献欲求は世界の先進国に広がる傾向のようです。アメリカでは、優秀な学生ほど大企業には就職せず、社会貢献型のベンチャーを起業するという話も聞かれます。日本でも、発展途上国でつくったアパレル製品や雑貨を先進国で販売するマザーハウスを起業した山口絵理子さんや、病児保育専門のNPO法人フローレンスを立ち上げた駒崎弘樹さんたちのような若き社会起業家に共感し、社会貢献型の活動に身を投じる若者がいます。

世の中の役に立ちたいという純粋な動機には感動を覚えるものの、彼らがなぜそれほどまでに社会貢献を求めるのか不思議でした。その理由を考えてみると、大企業を中心とする資本主義社会の収益重視の仕組みに対し、若者たちは辟易《へきえき》しているのではないだろうかと思うのです。

戦後、日本は物がない時代から数十年かけて復興し、物質的な豊かさを謳歌する成熟社会に発展しました。さらに、一億総中流と言われた社会は様変わりし、一部の富裕層だけがますます金持ちになる一方で、貧困がジワリと広がる格差社会に私たちは生きています。いびつな社会構造に対して疑問を持ち始めた純粋な若者たちが、「幸せとは何だろう?」と本当の幸せや喜びを求めて動き始めているのだと思います。

若者にとっての「仕事の喜び、働きがい」も変わりつつあります。大企業に就職して高給取りになるとか、利益のために組織の歯車となって働くよりも、人々の役に立つ仕事に就き、誰かに喜ばれ感謝されたい——。若者たちに接していると、こうした新たな「働きがい」を求めて働く若者が増えているのを感じます。

育休明けにやる気を失う女性社員

産休や育休から復帰し、時短勤務で働く女性に対して、本来の業務から外して負荷の低いサポート業務に回すケースは多いと思います。上司からすれば、残業ができない部下のための配慮なのかもしれませんが、これこそ旧来型の固定観念でしょう。

最近は高齢出産する女性も増え、20代や30代はバリバリ働き、40代で出産する人も少なくありません。そして女性がいざ職場復帰すると、短時間勤務という理由で、それまで主体的に携わっていた仕事のサポート業務に配属されたりするわけです。もともと第一線で活躍し、責任の重い仕事を任されていた人にとっては、モチベーションが下がらないはずがありません。

女性が働き続けられる環境はとても大事ですが、仕事を続けられるならどんな仕事でもいいというわけでもありません。仕事の喜びや働きがいが感じられることも大事です。

短時間勤務だから仕事のレベルを下げるのではなく、短時間勤務のなかで仕事を終われるよう工夫を促しながら、レベルアップした仕事にもチャレンジできるようサポートするのが上司の役割ではないでしょうか。産休や育休、時短勤務などの制度は、女性が働きがいを感じながら働き続けられるための補完制度に過ぎないと私は考えます。

「勤務時間に制限があると、仕事のアウトプットが落ちるのではないか」と思う人もいるかもしれませんが、それは見当違いです。仕事に面白さを感じている人は、家庭の事情などで働き方に制約や制限が加わっても、仕事の質やレベルを落とさずなんとか工夫して続けようとするものです。

人手不足が深刻な地方に「女性の活躍」という点で私が注目する居酒屋運営企業があります。従業員は20代や30代の若い人たちが大半で、会社が目指す世界観に共感して集まってきた人たちだそうです。

ただ、女性は結婚して子どもが生まれると、夜の居酒屋の仕事は続けにくくなります。普通なら仕事を辞めざるを得ないのかもしれませんが、この会社の女性従業員たちは、経営陣と相談して居酒屋と親和性の高い食品生産・流通の子会社を立ち上げ、育児と両立しながら昼間働いているそうです。

彼女たちがそこまでして会社で働くことを選んだのは、まだ出産や育児負担のない若手のうちに、仕事を任され、仲間と一緒に働く喜びや仕事の醍醐味を知っていたからではないかと私は思います。「働きがい」とは、少し背伸びが必要な仕事を任され、困難を乗り越えてやり遂げ、達成感や成長の手応えを味わうことともいえます。それを手放したくなかったために、昼の時間に働ける職場を自分たちの手でつくったのでしょう。

制約や制限があるときこそ、それを乗り越えるための工夫が生まれます。これこそが、本当の意味で「活躍する」ということだと思います。

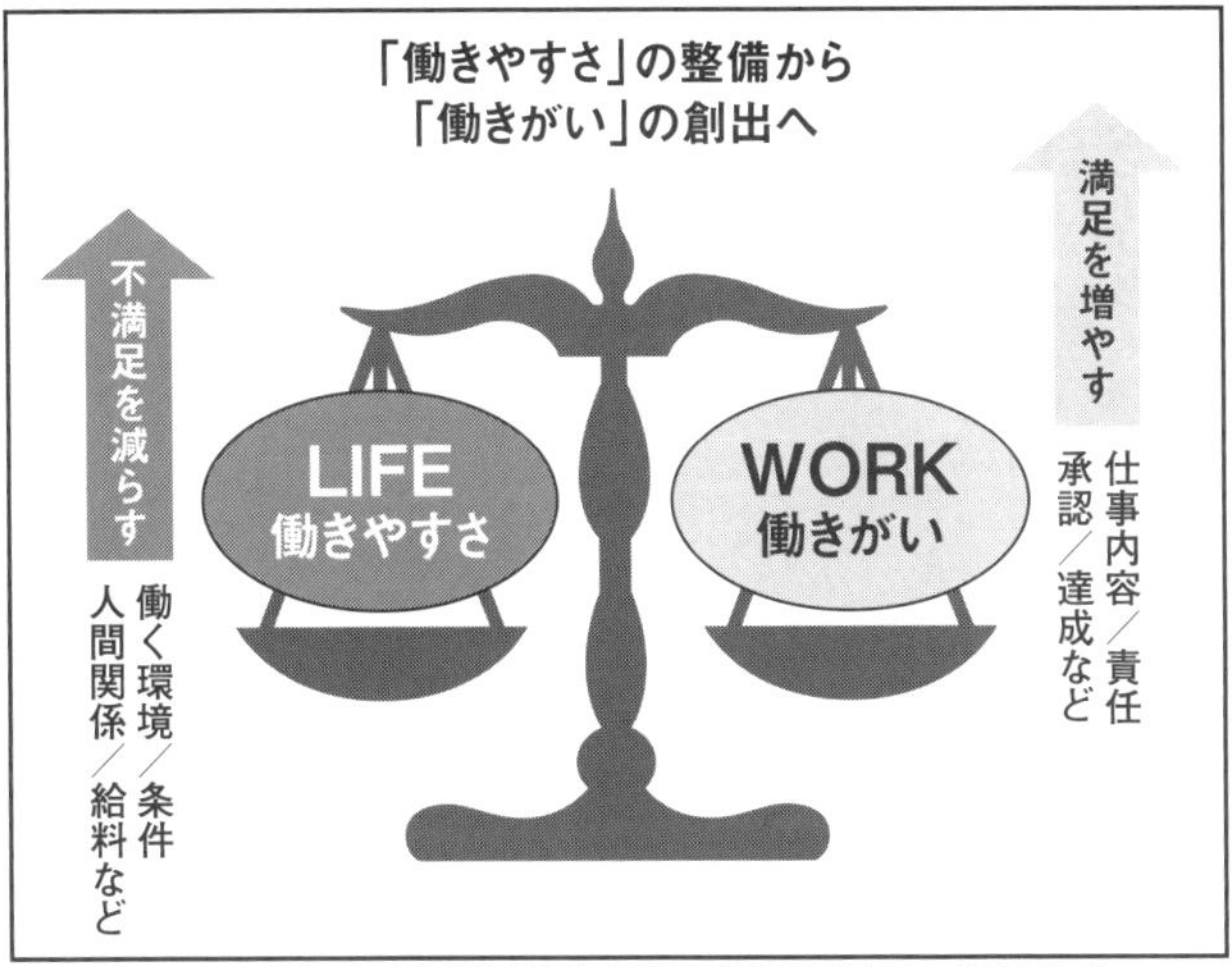

※フレデリック・ハーズバーグ二要因理論（動機づけ理論・衛生理論）をもとに著者が考案

たとえ部下の勤務時間が限られていても、部下の能力とやる気を信じて、思い切って仕事を任せてみてはどうでしょうか。

待遇改善は満足を生まない

福利厚生の制度や仕組みが整い、働きやすさが考慮された職場でも、個人が働きがいを感じることができるかどうかは別問題です。

ここでは「働きやすさ」と「働きがい」について詳しくみていきたいと思います。アメリカの臨床心理学者であるフレデリック・ハーズバーグ氏が提唱した「二要因理論（動機づけ理論・衛生理論）」をもとに説明していきます。

産休・育休や時短勤務制度、給料や待遇な

どの条件、労働環境、職場の人間関係……、これらの環境や条件を改善することで、従業員の不満を減らすことができます。つまり、労働時間が短くなり、給料が上がり、働く環境が改善されれば、不満が減っていくということです。こうした「不満足」の発生や軽減に関与する要素を「衛生要因」と呼びます。

ここで、不満が限りなく減っていけば満足が生まれるのかというと、そうではないというのがハーズバーグ氏の着眼点です。不満が減っていく延長線上に満足があるわけではないと考えられています。いくら労働条件や待遇が改善されても、不満の解消にはなるが、満足感を得るには至らないということです。

では、満足を生み出す要因は何かというと、仕事内容や任せられる責任、努力や成果を上司や同僚が認めてくれること（＝承認）、成長実感や達成感などです。これらの要素を「動機づけ要因」と呼びます。

ハーズバーグ氏の理論に私なりの解釈を加えると、衛生要因（労働条件や待遇など）は人生設計や生活に関わることであり、これらを配慮することで「働きやすさ」が増していくと考えられます。

一方、動機づけ要因（仕事内容や責任、承認など）は仕事そのものに関わることであり、これらを高めていくことで「働きがい」が高まっていくと考えられます。

つまり、「働きやすさ」と「働きがい」はそれぞれ独立しており、延長線上につながっているものではないことがわかります。


これまで大企業がアピールしてきたのは、産休や育休、時短勤務など「働きやすさ」に関する制度面での充実でした。しかし、制度の整備で「働きやすさ」を一律に底上げしても、働く人たちの満足、すなわち「働きがい」が高まるわけではないことは、ハーズバーグ氏が指摘した通りです。

大企業のみならず、中小企業までもが一緒になって「働きやすさ」に過剰反応しています。「中小企業が優秀な人材を採用できないのは、大企業のような好条件や好待遇を提供できないからだ」とぼやいているのは、古い固定観念に捉われた議論だと言えるでしょう。もちろん一定レベルまでは条件面や待遇面への配慮が必要ですが、「働きやすさ」で大企業と競っても厳しい採用戦線では勝てません。むしろ、一人ひとりの担う責任範囲が広い中小企業だからこそ「働きがい」で人を惹きつけるべきなのです。

これは私の解釈ですが、「働きがい」を無視して、「働きやすさ」だけを追求して行きつく先は、従業員の権利意識の肥大化、他責、依存体質、マンネリ感、ぬるま湯体質……、ではないかと思います。待遇や条件がよくても、「働きがい」を感じられなければ心は満たされません。大企業で目的や背景を理解しないままルーチン仕事を延々とこなす人たちが、大企業だから待遇や環境は悪くないはずなのに文句や不満が多くなりがちなのは、このことに起因しているのではないかと思います。

反対に「働きがい」が高まっていくと、「働きやすさ」の面で多少問題があっても、不満が打ち消される効果があります。仕事が面白くてやりがいを感じていれば、多少薄給でも長時間労働でも、あまり気にならないものです。

にも関わらず、昨今は、国をあげて働きやすさ偏重の社会づくりに躍起になっています。私はこの傾向をよりよい社会づくりの観点でも憂いています。立命館大学の筒井淳也教授も、ワークライフバランス政策が充実してフルタイムの共働きカップルが増えると、所得の高い男女、所得の低い男女の世帯が増えて、世帯格差は拡大すると警鐘も鳴らしています(『結婚と家族のこれから　共働き社会の限界』/光文社新書)。

先ほど社会貢献型NPOに意欲的な若者の話をしましたが、彼らを惹きつけているのもまさに「働きがい」だと言えます。給料も福利厚生も大企業に比べたら「無い無い尽くし」

かもしれませんが、小さな組織だからこそ自分の貢献が実感できる、自分の頑張りをチームの仲間が認めてくれる、お客さんの笑顔に直接触れられるなどで、「働きがい」を感じられやすいということでしょう。

まとめると、「働きがい」の源泉は、「満足」にあります。そして、満足を与えられるのは、給料に代表される金銭的要因ではなく、仕事に代表される非金銭的要因です。給料は不満を減らすことはできますが、本当の満足を増やすことはできないのです。

「仕事の報酬は仕事」とよく言われるように、本当に大切なのは、仕事そのものに満足できるかどうか。こちらをどう高めていくかこそ、しっかり考えなければなりません。

本当の仲間、本当の仕事とは何か？

若い人たちにとって、「誰と、どんなチームと働くか」は、働きがいを左右する大切な要素になってきています。この傾向は、15～20年前から見られますが、今ではそれが当たり前になっています。

たとえば、アルバイトを選ぶとき、時給ももちろん考慮しますが、彼らが重視するのは「その職場でどんな仲間がアルバイトをしているか」ということです。したがって、アルバイトの求人広告では「アルバイト仲間の写真」が重要な役割を果たします。

私の教え子の大学生たちも、アルバイトを探すときは「どんな店で、どんな人たちが働いているのか」を写真でチェックしています。時給だけを考えれば家庭教師のほうが儲かるのかもしれませんが、それよりも仲間が楽しそうに働いている飲食店や塾などのアルバイトを選んでいるようです。

20年ほど前までは、こうした若者たちの感覚を「サークル感覚」とか「遊び感覚で甘えている」などと言って大人たちは批判していました。以前は私もその一人でしたが、今の私の解釈は違います。

若者は世の中の変化を敏感に感じ取り、変化に先《さき》んじていく存在です。繰り返しになりますが、年功序列や終身雇用の終焉で、どれだけ頑張って仕事をしても昔ほど給料アップを期待できなくなりました。さらに言えるのは、これ以上ないほど物質的欲求が満たされた現代、次に求められてきているのは精神的な豊かさです。仕事において仲間を大事にする感覚は、こうした世の中の変化を敏感に感じ取った彼らなりの働きがいであり、働く喜びではないかと思います。

数年前から、ポジティブ心理学が日本にも紹介されブームを呼んでいます。ポジティブ心理学とは、人がより仕事にやりがいを感じ、より幸せに生きるための科学です。

名門ハーバード大学の学生も、このポジティブ心理学の講義に殺到しているそうです。世界各国から集まったトップレベルの天才や秀才である彼らが、「幸福」をテーマにした講義に夢中になっているという事実に、私は興味をそそられました。

講義を担当したある教員は、学生たちにこう言ったそうです。

「君たちは全世界で、それぞれの地域で自分が一番だと思ってハーバード大学に入ってきた。残念ながら、一つ予測することができる。たくさんいる学生のなかで首席になるのは一人しかいない」

これまで努力して成功を勝ち取ってきた学生たちは、ハーバード大学ではじめて、「努力しても成功しない（首席になれない）」という現実に直面します。「努力して成功すれば幸せ」という従来の方程式が崩壊することを意味します。

そこでどうするかというと、「努力していることそのものが幸せ」という方程式に置き換える必要が生じます。成功するしないにかかわらず、「努力している今が幸せである」という価値観に転換することで、人生における幸福をより感じることができるのです。

将来に希望を持てない若者が、「働きがい」を求める心理も同じだと思います。「我慢して努力すればいつか幸せになる」という方程式が崩壊した今、「働いているこの瞬間を充実させる」ことに喜びを感じたがっています。だから、仕事そのものに満足する「働きがい」が大事なのです。

求められるのは、持ち味を活かせる役割

よい仲間が集まり、社会に貢献するよい目的にみんなで向かっているというだけではまだ不十分です。加えて、他の人には真似できない、自分ならではの持ち味を活かせる役割があることが重要です。

役割があれば、「自分はチームで必要とされている」「自分が誰かの役に立っている」と実感できます。これは、先ほどのハーズバーグ氏の「動機づけ要因」でいうところの、「承認」を満たすことにつながります。

ちなみに、私の会社はベンチャー企業ですが、小さい組織ながら組織図を作成し、各自の役割や仕事の連携を明確に示しています。メンバーのなかには、育児中の人もいれば、勉強と仕事をかけ持ちする社会人大学院生、親の介護を担う人、前職ではメンタルに不調

を抱えていた人もいます。それぞれに事情を抱えながらも、チームで自分にしかできない役割があることで、生き生きと頑張って働いてくれています。

「誰かの役に立ちたい」「誰かに必要とされたい」と願うのは、今の時代だからこそ高まる感覚と言えます。

みなさんも「マズローの欲求5段階説」は、聞いたことがあると思います。人間の欲求は5段階のピラミッド構造になっていて、低次の欲求が満たされると、より高次の欲求を欲するというものです。

欲求は低次から順に、生きていくために基本的・本能的な「生理欲求」、自身の安全や生活・経済の安定を求める「安全・安定欲求」、社会や集団への「帰属欲求」、社会や集団から認められたいという「承認欲求」があり、これら全てが満たされたのち、自分の能力を最大限に発揮して「あるべき自分」を求める「自己実現欲求」に向かうとマズロー氏は主張したのです。

かつて企業が男性中心のピラミッド組織だった時代は、豊かさを求めて従業員が一丸となって長時間労働に励み、夜は上司や同僚と親睦を深める飲みニケーションが頻繁に行われていました。そこでは、個人の帰属欲求や承認欲求が自然に満たされていました。

より高次の「自己実現欲求」がクローズアップされ始めたのは、2000年前後のことです。当時、私が編集長を務めた社会人教育に関する情報誌でも、「自分らしい仕事をしよう」「仕事を通じて自己実現しよう」というメッセージを打ち出しました。その後、女性が自分の好きなことで起業する「プチ起業」や、パソコンをカフェに持ち込んで好きな時間に仕事をする「ノマドワーク」など、自由で新しい仕事のスタイルが注目されました。

ところが、最近は一時期ほど自由な働き方がもてはやされなくなっています。オフィスや組織に縛られない自由な働き方を謳歌して、自分の好きなことで自己実現したのはいいけれども、気がつけば一緒に頑張ってくれる人や、努力を認めて褒めてくれる人が周りに誰もいない。孤立した状態にフラストレーションを感じ、「一人で頑張っても楽しくないな」と思い始めている状態ではないでしょうか。

そのようななか、今度は心の拠り所や仲間とつながっている実感が欲しくなる、つまり承認欲求と帰属欲求が再び求められていると感じています。

これら二つの欲求は、自分がチームの役に立つことで満たすことができます。すなわち、よい目的のもと仲間が集うチームに所属できる喜び（帰属欲求）と、自分の働きがチームに認められる満足感（承認欲求）です。

このことからも、若者にとって「自分ならではの役割」や「自分を必要としてくれるチーム」が欠かせない要素であることがわかると思います。

「働きやすさ」から、多様な「働きがい」をつくる

これからの職場に求められるのは、多様な「働きがい」の創出です。

これまで、企業はとかく産休や育休、時短勤務などの制度面の充実をはかろうとしてきましたが、それによって「働きやすさ」を一律に底上げしたところで、働く人たちの満足が高まるわけではありません。

大事なことは、「働きやすさ」の整備を進めながら、仕事そのものから生まれる「働きがい」をどのようにして高めていくかということです。

これは、もともと給料も福利厚生も十分にあった大企業の幹部管理職から、現在はそれらが十分に提供できないベンチャー企業経営者になった私だからこそ、痛感しています。

私が営む会社には、大企業の肩書きや安定した収入を捨て去って、何人ものメンバーが仲間に加わってくれています。採用面接のときに彼らが口にするのは、私たちが掲げる「人

「働きがい」と「働きやすさ」が両立する“ワークハッピー企業”を目指せ

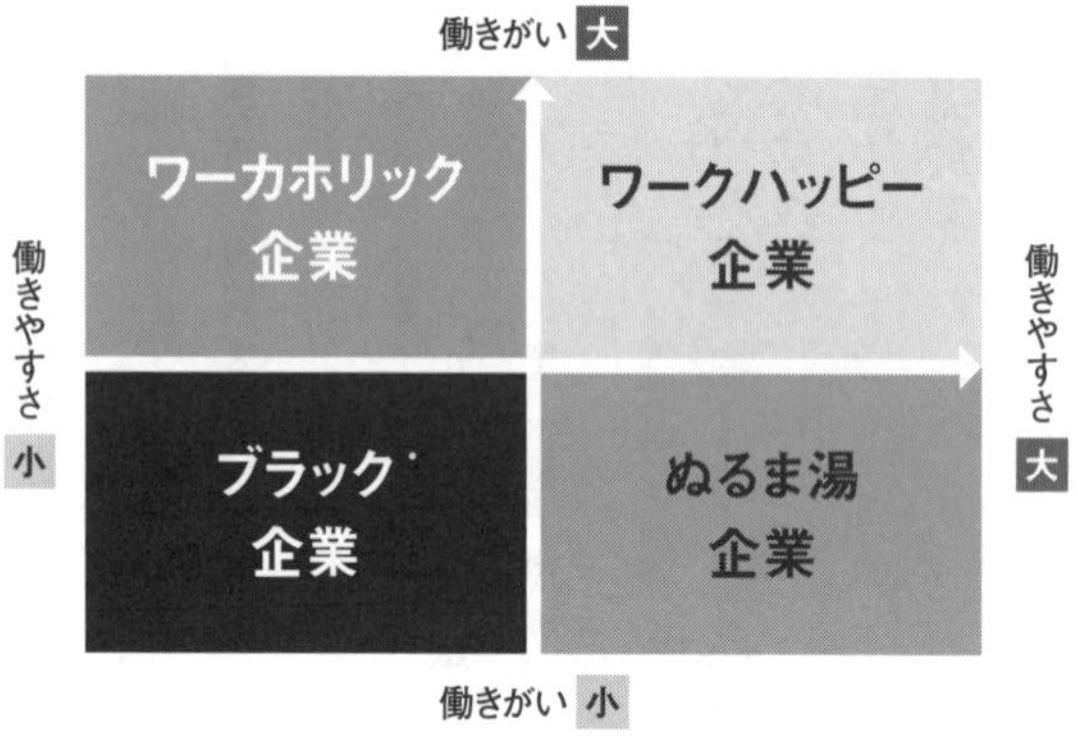

※著者が考案

を大切に育て活かす社会づくりへの貢献」に対する強い共感です。また、入社後には、日々無い無い尽くしで、仲間たちで助け合って大変な人材育成の仕事に挑むなかで、関わった人や組織が変わる瞬間に関われる感動は何ものにも代えがたいとも話してくれます。そんな仲間たちに私は感謝する毎日ですが、彼らはもともと得ていた「働きやすさ」を失っても余りある「働きがい」を感じているのだとも思うのです。

この章の最後に、企業が目指すべき「働きやすさ」と「働きがい」のバランスについて考えてみたいと思います。

「働きやすさ」を横軸に、「働きがい」を縦軸に取り、「働きやすさ」と「働きがい」のバランスの違いによって企業を4分類しました（前ページの図を参照）。あなたの企業や職場はどのタイプでしょうか。

①働きがいはあるが、働きやすくない「ワーカホリック企業」

仕事の働きがいはあるけれども、労働環境がよくない会社は「ワーカホリック企業」です。つまり、仕事は面白くてやりがいがあるものの、働く環境は極めてタフで、仕事が終わらなければ残業や徹夜もお構いなしの体力勝負の世界。辞令1枚で海外でも地方でもどこでも飛んでいかなければなりません。

かつて日本企業は、ほとんどがこのタイプでした。高度成長の波に乗り、会社の成長・業績拡大とともに社員の給料もアップし、暮らしのレベルが上がっていった時代です。そこに希望や喜びがあり、かつ家族のことは妻に任せられたから、企業戦士たちは劣悪な職場環境にも耐えることができたのです。

働きやすさの面では難がありますが、企業の置かれているステージに応じて、ワーカホリック型が推奨されるケースもあります。たとえば、会社設立のタイミングや、新規事業の立ち上げ時期や、変革が必要な節目などは、一定の成果を上げるまではワーカホリックに徹するという選択も考えられます。とはいえ、長期にわたってワーカホリックが続くと従業員がつぶれてしまいますから、時期とタイミングを考える必要があるでしょう。

②働きやすくても、働きがいが小さい「ぬるま湯企業」

男性だけでなく、女性や高齢者、家庭の事情などで働き方に制限のある人にも活躍してもらうための配慮は望ましいことです。ただ、「働きやすさ」ばかりに目が向き、個人の「働きがい」への配慮が足りないと、「ぬるま湯企業」に転落します。

今、「働きやすさ」を追求する多くの企業が、「ぬるま湯企業」に足を突っ込みかけていないでしょうか。

このタイプの企業によく見られるのが、従業員の権利意識の肥大化です。仕事での責任や役割が明確に示されないまま、福利厚生など従業員の権利ばかり認められると、「責任を果たさずに権利だけ主張」する勘違い社員が増えるリスクが高まります。

たとえば、終業時刻になると、仕事がまだ残っていても「もう時間ですから」と帰ってしまう無責任社員。目標や責任感がないため就業時間がなんとなく過ぎていき、なかなか成果に結びつかないゆとり社員。こうした「ぬるま湯社員」の存在が、会社の成長を妨げる大きな要因になっています。

この厳しい競争環境下でも、ぬるま湯企業が生き延びているのは、社内のごく一部を占める「ワーカホリック社員」の存在があるからです。どの会社にも、優秀であるゆえに人より多くの仕事を任されたり、他の社員の何倍もの働きを期待されたりするワーカホリック社員が存在します。割合でいえば全体の2割程度でしょうか。残りのおよそ8割は、ワーカホリック社員にぶら下がるぬるま湯社員が占めています。この事態からの脱却を試みた例が「資生堂ショック」と言われたケースです。育児期などの時短勤務社員が遅番などを免れ、不満が溜まった他の社員との不公平感是正に動いた資生堂の方針転換は大きな話題になりました。

③働きやすさも働きがいも小さい「ブラック企業」
会社の目的やビジョンが共有されず、自分が何のために仕事をしているのかもわからないまま、劣悪な就労条件のもとひたすら長時間労働を課せられるのが「ブラック企業」です。いつ抜けるかわからない真っ暗なトンネルを延々と走らされている状況では、人間はいつか精神を病《や》んでしまいます。

④働きがいのために働きやすさのある「ワークハッピー企業」

「働きがい」のために「働きやすさ」が配慮されているのが、「ワークハッピー企業」。ここでは、多様な価値観や事情を抱える個人が、それぞれに目的意識を持って自分なりの役割を果たし、努力や成果を周りから認められながら充実感を持って働いています。

「ブラック企業」は論外ですが、「ワーカホリック企業」も「ぬるま湯企業」も、将来は「ワークハッピー企業」を目指していくべきだというのが私の考えです。

先日、この4つのタイプをいみじくも体感しながら経営されている企業の話を本で知り、インタビューに伺いました。『ほとんどの社員が17時に帰る　10年連続右肩上がりの会社』（クロスメディア・パブリッシング）に登場する株式会社ランクアップという化粧品会社です。簡単に説明したいと思います。

岩崎裕美子社長は、帯に「自称、元ブラック企業の取締役」と書いてあるように、前職の広告代理店勤務時代は、長時間労働は当たり前、かなり猛烈に働くタイプの方だったそうです。ところが、ノルマや数字に追われて心身ともに疲弊する働き方に疑問を感じ、メンバー一人を連れて独立、化粧品開発・販売の会社を立ち上げました。

その後、岩崎社長は41歳で出産。無茶な働き方を続けられない状況に自分が置かれてはじめて、働き方に制約や制限のある人の立場が理解できたと言います。社員が17時には帰れるよう、社員と知恵を出し合いながら仕事のやり方を見直すなかで、プッシュ型からプル型の営業スタイルへの変更、ノルマの廃止、さらに女性が働きやすいよう福利厚生制度も充実させていったそうです。しかも2005年の創業から業績も順調に推移し、10年連続の増収、2015年9月期には売上75億円にも上っています。

ところが、働きやすい職場に変わり、売上も右肩上がりにもかかわらず、社員の表情が暗く元気がないことに岩崎社長は疑問を感じ始めます。外部コンサルティング会社の協力も得て調べていくうちに、社員が「働きがい」を感じていないことが原因だと気づきます。社員には明確な目標も役割もなく、仕事に手応えを感じることができない、ぬるま湯企業だったのです。

そこから岩崎社長は、また組織の運営方法を転換します。一人ひとりの目標意識や役割を明確にし、社員の努力や成果を褒める習慣を根づかせていくことで、ワークハッピー企業に変えていったのです。

働きやすい職場は、そのための福利厚生制度を導入し、活用される環境を整えることである程度は実現できます。しかし、個人の働きがいを高めるのは難しいことです。働きやすさは、制度として誰にでも見える形でつくり出せますが、働きがいは一人ひとりの受け止め方、つまり外からは見えない気持ちや心の問題だからです。しかも、働く人たちが多様化し、一人ひとりが仕事に求めるものも多様化しています。働きがいとは、チームとしての仕事とそのなかで自分が担う仕事が、自分にとってどういう意味を持つのか、という問いの答えを見つけることなのです。

第5章

「働きがいあふれる」チームをつくる5つのステップ

前章では、「働きがい」のある職場とは、その人の持ち味や強みを活かした役割があり、「自分が必要とされている」と実感できる職場であるとお伝えしてきました。ここからは、そのような職場をどのようにつくっていくのか、「働きがいあふれる」チームをつくり出す基本ステップを解説していきます。

コッター教授のリーダーシップ発揮の8段階

「働きがいあふれる」チームをつくり出すステップをお話しする前に、リーダーシップ論の権威、ハーバード大学のジョン・P・コッター教授による「組織変革を成功させる8段階のプロセス」をご紹介しておきたいと思います。ペンギンを主人公にした物語形式の『カモメになったペンギン』（ダイヤモンド社）は、コッター教授のメソッドをもとにした100ページちょっとの寓話ですが、とても示唆に富んでいます。そこからのエッセンスをご紹介すると以下になります。

準備を整える

①危機意識を高める
②変革推進チームをつくる

すべきことを決定する

③変革のビジョンと戦略を立てる

④変革のビジョンを周知徹底する

行動を起こす

⑤行動しやすい環境を整える

⑥短期的な成果を生む

⑦さらに変革を進める

変革を根づかせる

⑧新しい文化を築く

「働きがいあふれる」チームにしていくには、組織全体をよりよい方向に変革していくプロセスと重ね合わせていくと、うまくいくと私は考えています。組織全体がよりよく変革していくことと、チームメンバーの働きがいは密接に関わっており、切り離せないものだからです。

コッター教授のリーダーシップ発揮の8段階を念頭に置きながら、これからお話しする

「働きがいあふれる」チームをつくり出す5つのステップを理解いただければと思います。

自律の連鎖を最大化させる

「働きがいあふれる」チームの理想の状態は、共通のよい目的に向かう組織のもと、その共通目的に共感した仲間が、それぞれ異なる持ち味や強みを活かせる役割を担い、尊重し連携しながら、一人ではできない大きな仕事を成し遂げる組織です。一人ひとりが、上意下達で命令されて「やらされ感」を持ちながら動くのではなく、チームの共通目的の実現や自身の役割から「自分は何をやるべきか」「何がやりたいのか」を自律的に考えながら動く組織です。自律が連鎖することで、社会に対するアウトプットの総和が最大化していくということです。

職場改革では、「トップ（経営者・幹部）」「ミドル（中間管理職）」「ライン（社員）」の立場によってステップが異なります。ここでは中間管理職が取るべきステップを紹介します。

ステップ① タテ・ヨコ・ナナメの「相互理解」を促進

職場づくりの最初のステップは、「相互理解」です。部下の仕事に対する考え方や価値観、興味や関心のあること、さらに育児や親の介護など家庭の事情なども把握することで、お互いの相互理解を進め、信頼関係構築の土台をつくります。

ただし、上司が部下のプライベートについて強引に聞き出したり問い詰めたりするのは、部下に嫌な思いをさせることになるため避けるべきです。まずは上司が自分のことを話すなどして、部下が自己開示しやすい雰囲気をつくる配慮があるとよいでしょう。

相互理解の足掛かりとして、まずはお互いの共通項を見つけてみてはどうでしょうか。たとえば、出身地や趣味などで共通項が見つかれば、お互いの親近感が増し、距離を縮めるきっかけになるかもしれません。

〈傾聴面談：部下との対話で、今の会社、今の仕事に対する本音を徹底的に聴く〉

部下のことをよく知るために、部下の声や意見にじっくりと耳を傾ける「傾聴面談」を行うのも一つの方法です。次ページにマニュアルを掲載しましたが、私の会社で実施する

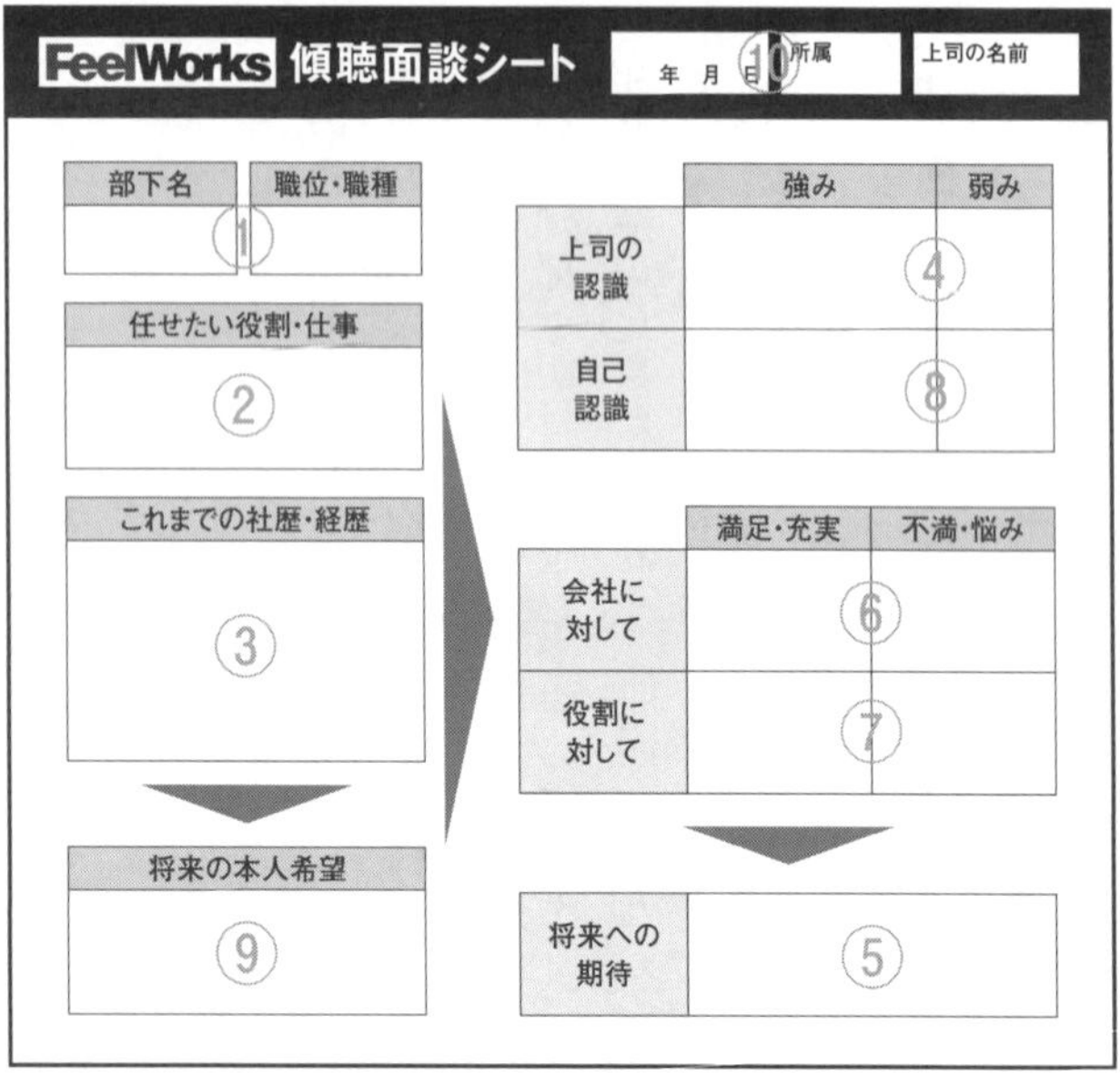

「傾聴面談シート」の作り方・使い方

傾聴面談の準備

①対象の社員の名前と職位・職種を記入。
②現在のチームのなかでの役割・仕事を記入。
③これまでの社歴・経歴を時系列に記入。
④上司が認識している「強み」と「弱み」を記入。
⑤将来への期待（3〜5年後どう育ってほしいか）
を記入。

傾聴面談 ※この傾聴面談シートは手元に置き、肯定的な姿勢で傾聴に徹しましょう

⑥会社に対する「満足・充実」、「不満・悩み」を傾聴。
⑦自分の今の役割に対する「満足・充実」、「不満・悩み」を傾聴。
⑧本人が認識している「強み」と「弱み」を傾聴。
⑨将来（3〜5年後）どう成長したいか傾聴。
⑩本人との認識のずれを確認しながら傾聴面談シートを完成、記入日などを記入。

「上司力鍛錬ゼミ」で行っている「傾聴面談」のやり方を紹介しましょう。

「傾聴面談シート」と呼ぶワークシートを使って、部下一人ひとりと面談します。この面談の狙いは、部下の仕事への思いやキャリア観などを聴き出し、部下の気持ちを理解するとともに、部下の強みや持ち味を把握・再認識することにあります。

「傾聴面談シート」には、部下との面談前に「現在の仕事・役割は何か」「これまでの社歴・経歴は」「上司から見た部下の強み／弱みは何か」「部下をどう育てていきたいか」などを書いておきます。「強み／弱み」を書く欄のうち「強み」を広く取っているのは、「強み」にフォーカスしてもらうためです。

このシートをもとに、部下には見せずに面談します。部下には、「自分のどんなところが強み／弱みだと思っているのか」「それを活かしてどんな仕事をしたいと思っているのか」「今の仕事の役割に対してどう思っているのか（満足している点／不満に感じる点）」「将来はどう成長していきたいのか」などをじっくりと聴いていきます。

部下の気持ちを聴き出す際には、ただ「本音を話してください」「仕事についての不満を聞かせてください」と伝えても、部下は警戒するだけです。「今の職場の状態はよくないから、変えていきたいと思っている。本音ベースで話を聴かせてくれないか？」のように面談の目的や意図を説明すれば、部下も安心して話せるでしょう。

また、上司からはできるだけ話さないことも傾聴のポイントです。部下の言葉に意見したりアドバイスしたくなる気持ちを抑え、本人の本音をしっかり聴くことに徹するようにします。

傾聴面談を行うことで、「そんなことを思っていたのか」「そんな過去の経緯があったのか」とはじめて部下の気持ちを知ったという中間管理職が多くいらっしゃいます。これだけでも大きな気づきといえるでしょう。

また、部下にとっても「じっくり話を聴いてくれた」という実感が励みになり、仕事へのやる気につながっていきます。


上司と部下の良好な関係を築いていくうえで、もっとも大切なのがこの「相互理解」です。上司と部下がよくわかり合うことができれば、このあとのステップもやりやすくなり、チームの歯車が回り始めます。

反対に、部下の思いや考えに耳を傾けずに、「うちのチームはここへ向かうぞ！」と目標だけを掲げても、「また始まったよ……」と部下は冷めた目で見るだけで、誰もついて来てはくれません。まずは部下の話をじっくり聴いて、部下の気持ちを理解することから始めましょう。

ステップ② 組織の目的・個々の役割に「動機形成」する

次に行うのは、「動機形成」です。チーム全体の目的やそのなかで各自が取り組む役割に対して、部下にやる気になってもらうために働きかけを行います。

これは、2段階に分けて行います。

まずは、「組織や職場、会社の目的」に対する動機形成です。会社組織には必ず「存在する目的や理由」があります。会社の経営理念、目指すべき組織ビジョン、組織単位に落とし込んだチームの目的を明確にし、部下と共有します。そして「私たちは何のために頑張るのか」という理由に腹落ちしてもらい、それに向かうモチベーションの醸成につなげていきます。

「頑張れば給料が上がり、生活レベルが上がる」と誰もが信じた高度成長時代ならまだしも、その幻想が消えた今、業績や売上は頑張る理由にはなりにくくなっています。

それよりも、「お客さまにどう喜んでもらうのか」「世の中にどのように役に立つのか」

といった社会的価値が明確に定義されているほうが、働く人たちのやる気を高めるのです。
特に社会貢献意欲が高い傾向にある若者への動機づけには、「ソロバンで金勘定する前に、ロマンの共有」を意識するとよいでしょう。

目的の明確化については、経営学者のピーター・ドラッカー氏もその重要性を指摘しています。

「知的労働の生産性の向上を図る場合にまず問うべきは、『何が目的か。何を実現しようとしているか。なぜそれを行うか』である。…（中略）…手っ取り早く、しかも、おそらくもっとも効果的に知的労働の生産性を向上させる方法は、仕事を定義し直すことである」（『プロフェッショナルの条件－いかに成果をあげ、成長するか』／ダイヤモンド社）

次に、「個人の役割」に対して動機形成を行います。チーム内でその人に期待される役割に対して、「やりたい」と思ってもらうよう納得を得ていきます。

そのためには、誰にでも代わりの効く役割ではなく、「あなただからこれをやってもらいたい」という役割を与えることがポイントです。私はこれを「あなただから」の役割と呼んでいます。

「あなただから」の役割とは、個人の持ち味や強みを活かした役割のことです。もし、ステップ①の傾聴面談を実施していたなら、面談で聴いた部下の思いや強み／弱みをもとに役割を考えていきます。

たとえば、アイデアが豊富で柔軟な発想が持ち味の人は、その反面、ロジカルに物事を進めることは苦手なことがあります。そのような人に、プロジェクトの進行管理やお金の管理を任せるのは向いているとは言えません。むしろ、柔軟な発想は苦手だけれども、段取りよく物事を進めていくことが得意な人に、進行管理をやってもらうほうが適任と言えます。これが「あなただから」の役割ということです。

その人だから力を発揮できる役割を与えられることによって、部下は「上司に認めてもらえた」ことに喜びを感じ、また自分が何らかの形で貢献できるチームに所属していることに安心感を覚えるでしょう。これはマズローの欲求5段階説における「承認欲求」と「帰属欲求」の充足につながりますが、これら二つがしっかり満たされることが、個人のやる気を高めるには大切なことだと考えます。

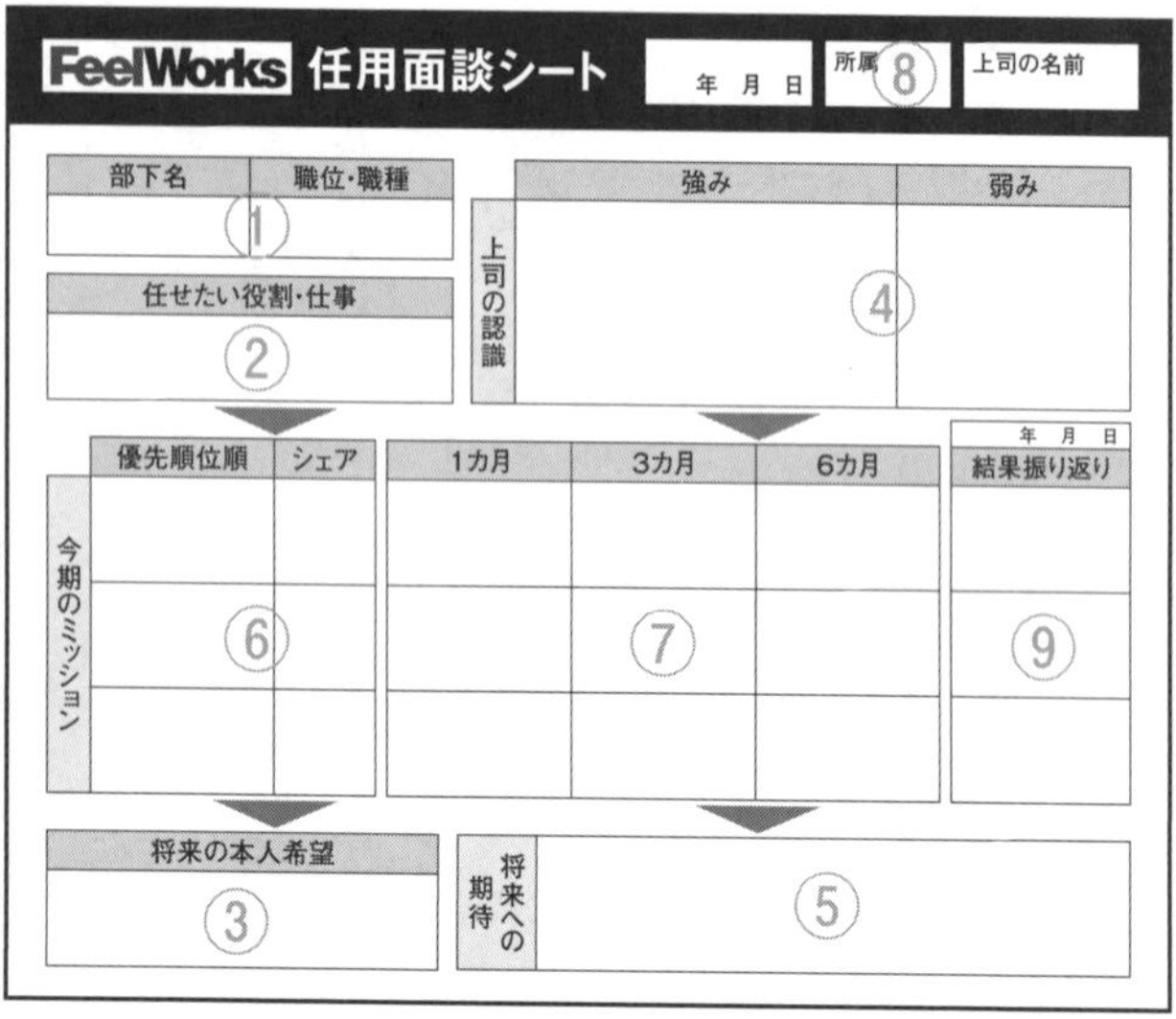

「任用面談シート」の作り方・使い方

動機づけ面談の準備 ※①～⑤は傾聴面談シートから変更ない場合はコピーして下さい

①対象の部下の名前と職位・職種を記入。
②傾聴面談を踏まえた役割・仕事を記入。
③傾聴面談を踏まえた将来の本人希望を記入。
④傾聴面談を踏まえた上司が認識している「強み」と「弱み」を記入。
⑤傾聴面談を踏まえた将来への期待（3～5年後どう育ってほしいか）を記入。
⑥具体的なミッションを順番に記入。全体を100%としてシェアも記入。

動機づけ面談 ※任用面談シートを提示しながら、本人の納得を確認しつつ、動機づけして下さい

・納得を確認しつつ①～⑥について説明。
・各ミッションの1カ月、3カ月、6カ月後の到達目標（小さな階段）の設計・記入を促す。

小さな階段の設計・支援 ※傾聴を心がけて下さい

⑦本人に設計・記入・提案させ、すり合わせ。
⑧任用面談シートを完成、記入日などを記入。

半期後の振り返り

⑨半期後振り返りさせ、すり合わせ。記入日記入。

〈動機づけ面談：役割付与・意味づけを行う〉

チームの目的や戦略を説明し、部下に期待する役割を伝えるために、改めて部下一人ひとりと面談します。傾聴面談で聴いた内容を踏まえ、「あなただからこの役割を担ってほしい」と伝えることで、部下の納得を得ながら、役割の意味づけを行うのが狙いです。私はこれを「役割付与・意味づけのための動機づけ面談」と呼んでいます。前ページにマニュアルを掲載しましたので、ご覧ください。

この面談には、チームメンバー全員の役割を記入した組織図を用意し、また動機づけのための「任用面談シート」と呼ぶワークシートを使います。部下との面談の前に、任用面談シートには「傾聴面談を踏まえ上司が認識している強み／弱み」「傾聴面談を踏まえ、3～5年後にどう育ってほしいか」「それらを踏まえて部下に担ってほしい役割」などを記入しておきます。

面談では、部下に任用面談シートを見せながら、「この前の面談であなたの思いをしっかり聞いて、これがあなたの強みだと思うから、この役割をやってほしい」と伝えます。その際、組織図を示しながら、「チームや会社のなかではこの仕事はどのような位置づけで、部下が仕事をすることでチームや会社にどのように貢献できるか」なども伝え、部下の納得を得ながら動機づけしていきます。

また、任用面談シートにある「1カ月／3カ月／6カ月後のミッション到達目標」は、面談を踏まえて部下自身に設計・記入してもらいます。

傾聴と動機づけの手順を踏むことで、与えられた仕事に意味が生まれ、ただ「これをやってくれ」と仕事を渡されるよりも部下のモチベーションは高まるはずです。

目的と役割を明確に伝えた後は、その目的を実現させるための工夫は部下本人に任せます。自由に創意工夫できる環境で部下の自律を促すことが、部下のモチベーションアップには不可欠です。

ステップ③　強みを活かし合う「協働意識」の醸成

チームの目的と個人の役割が明確になれば、おのずと他のメンバーの役割もはっきりしてきます。次のステップとして、メンバーが互いに協力し合えるよう「協働意識」の醸成をはかります。

たとえば、他のメンバーに助けてもらったら、「ありがとう」と感謝の言葉を伝える。また、感謝されたメンバーも、「ありがとう」と感謝されることを「うれしい」と感じる。

助け合うことや連携し合うことに喜びを感じる風土を育み、助け合いの連鎖を生み出していくのがこの段階です。

「なぜ協働しなくてはならないのか、自分の役割を果たしていればそれでいいじゃないか」という意見もあるでしょう。協働意識は、なぜ必要なのでしょうか。

協働の必要性について考えるには、今の時代における「チームとは何か」を再定義する必要があります。

かつて昭和の時代は、右肩上がりの経済成長のなか、みんなが同じ価値観を共有し、同じ方向に向かう一枚岩のチームでした。会社が若い男性新卒社員を一律に教育し、みんなが同じ能力を少しずつ高めていきました。上司の指示や命令は絶対であり、部下の勝手な創意工夫は求められていませんでした。いわば「軍隊のようなチーム」でした。

ところが、今は違います。チームは年齢やバックグラウンドがさまざまなメンバーで構成され、一人ひとり持ち味や強みもバラバラです。いわゆる「多様性のチーム」です。

また、男性社員に無理な残業を強いることができた昔とは違い、人員も時間も有限です。そのなかで生産性を最大限に高めるには、協働によってメンバー同士の凹凸をつなぎ合わせ、チーム全体として力を発揮していく必要があるのです。

たとえば、Aさんが苦手なことは、それを得意とするBさんが補う。その逆もまた然り。このような関係性を生み出すためには、ステップ②の「組織の目的・個々の役割への動機形成」と、ステップ③の「強みを活かし合う協働意識の醸成」が不可欠なのです。

そうはいっても、自分でできることは自分でやったほうが早いですし、また助けを借りたばかりに、意に反した結果になり腹立たしく感じることもあります。協働が必要だと頭ではわかっていても、積極的に協働したいと思う人は少ないのかもしれません。

協働意識が醸成されない理由を考えると、「あの人はどうせ○○だ」のような悪い期待や否定、決めつけがあるように思えます。

たとえば、上司が部下に対して「こいつはどうせ締め切りを守らない」と思っていると、部下はいつまでたっても締め切りを守りません。相手に悪い印象を持ちながら接するうちに、悪い期待通りに相手が変わっていく「ゴーレム効果」が職場で幅を利かせているうちは、チーム内に助け合いや連携の連鎖は生まれにくいでしょう。

反対に、「彼は柔軟な発想をするから、絶対にいい企画を出してくれるよ」と部下に期待をかけながら接していると、現実もそのようになっていきます。これが「ピグマリオン効果」です。

部下は、上司の期待通りに変わっていくものです。上司が部下にプラスの期待をかけることで、部下の持ち味や強みが発揮されやすくなれば、メンバー同士の助け合いや連携も進んでいくのではないかと思います。無意識のうちに部下への悪い期待や決めつけを膨らませてはいないか、あなた自身を振り返ってみていただきたいと思います。

経営者や管理職の方と話すと、職場にゴーレム効果をまき散らしている人が少なからずいらっしゃいます。その原因を深掘りしていくと、「自分とは違う考え方や行動は間違っている」「自分のほうが正しい」という固定観念が見え隠れします。自分と違う考え方ややり方を認めないのは、軍隊のようなチームでは通用したかもしれませんが、今の時代にはそぐいません。

まずは、自分が相手にかける期待がよくも悪くも相手の成果に影響を与えている事実を認識したうえで、自分と違う相手を認めてよい期待をかける「ピグマリオン効果の視点」を意識してみてはどうでしょうか。

さらに、この視点を習慣化してもらうために、私たちがコンサルティングを行っている会社では、上司の方々にあることを実践していただいています。

一つ目は、自分の部下の仕事ぶりを観察して、「よい」と思ったことをメモする習慣です。自分なりの書き方で構いません。よい点を探してメモすることで、部下のことを肯定的に見る癖がつき、部下の持ち味や強みにも気づきやすくなります。

二つ目は、部下が仕事上で発揮したよいパフォーマンスに対して、毎週、感謝のメッセージを伝えることをルール化しています。人は誰でも「ありがとう」と感謝されればうれしく感じるはずです。上司が率先して「ありがとう」と声をかけることで、お互いに助け合い、連携し合うことの醍醐味を実感できる仕掛けにもなっています。

ステップ①から③までは、「期のはじめ」に実践すべきステップです。新年度がスタートしてから2カ月の間まで、あるいは人事異動で着任してから2カ月の間までにしっかりと実践します。

ステップ③までを終えれば、期中の管理職の仕事はかなり楽になります。メンバーの動機づけがしっかりとなされ、メンバーが自走・協働し始めれば、あとは彼らの応援とサポートに徹することになります。

ステップ④　成長と改善に向け「切磋琢磨」し続ける

ステップ③までがチームの土台づくりとするなら、次はチームをより強くするためのステップです。ここでは、メンバーが互いに競い合って切磋琢磨できる環境を整えます。

日々の業務では、想定外の出来事や失敗、事件などが起きます。それらの事象に対し、現場の一人ひとりが気づきや改善策を提案しやすい雰囲気をつくり、いいアイデアや提案があれば取り入れて、すぐに改善するというサイクルをつくることが大切です。

具体的には、日々の気づきを業務フローにしっかりと反映させるようにします。自分の役割をより全うするために、日々の動きで改善したほうがよいことはどんどん提案してもらい、よければすぐに変えていきます。その改善をチームでも共有し、自ら創意工夫して仕事の質や生産性の向上を目指すことが習慣となり、組織風土になっていくようにしていくのです。この「改善策の提案→業務フローへ反映→改善」のサイクルが機能するようになれば、メンバーは改善が楽しく感じられるはずです。自分たちで問題点を見つけ、自発的に改善し、自分たちの成長につなげていくようになります。

ステップ⑤　次につながる「評価納得」の獲得

最後に、期末に実施する評価では、「本人の納得を獲得できる評価」を行うようにします。会社の業績は、よいときもあれば、悪いときもあります。個人の業績もまた然りです。個人の評価がよくても悪くても、本人が納得できる状況をつくることが、次につなげるためには大切だと考えます。

そのために上司が意識すべきことは、結果だけで評価するのではなく、結果に至るまでのプロセスにきちんと伴走し、それを把握しておくことです。そのためにも、期中も部下とのコミュニケーションを密にして進行状況を把握し、必要に応じて部下にアドバイスやサポートを提供しながら進めていくことです。

もし部下の業績が悪かったとしても、「今回はこの点がうまくいかなかったけれども、次回はどう改善していけばいいと思う?」と未来に向けた内省を促しながら対話するよう意識します。「途中の過程も見守ってくれた」と部下が感じれば、評価が悪くても不満はそれほど起きないでしょう。

上司が絶対にやってはいけない評価は、プロセスや努力を考慮せずに、結果の数字だけを見て「お前はダメだ」などと評価を下げてしまうことです。これでは、部下の気持ちは離れていってしまいます。

ここまで、チームをつくるために上司が取るべき５つのステップを紹介してきました。これらは、どれもとても手間と時間がかかり、そんなことまでやらなくてもマネジメントはできるのではないか、と疑問視する方もいるかもしれません。事実、私が営む会社が提供する「上司力鍛錬ゼミ」などで、宿題が山盛りのアクションラーニングを促すと、経営層や人事部に多忙な現場上司層から苦情や泣きが入ることも少なくありません。しかし、全国津々浦々でこの取り組みを導入・指導させていただいているなかで、数えきれないほどの喜びや手応えの声が届いています。いくつか代表的なものをご紹介しましょう。

「部下が熱い思いをもっているとはじめて知って、それを勇気づけると、今まで進まなかったプロジェクトが一気に回り始めた」
「最初は大変だったけど、途中から部下たちが自走し始めて、どんどんチーム運営が軌道に乗ってきた」

「今思えば、部下にはやる気がないと決めつけていた自分が恥ずかしい。1年前と打って変わって、他部署からも注目されるチームになった」

あなたも、「働きがいあふれる」チームに向けて、ぜひ部下や同僚の仕事に対する思いに耳を傾けることから始めてほしいと思います。

第6章

「働きがい」を取り戻すための職場改革

「働きがい」のある職場は、経営者や管理職など上司の努力や熱意だけで実現できるものではありません。上司の取り組みと同様に、メンバーの一人ひとりが「働きがい」を求めていく姿勢がとても大切なのです。この章では、「働きがいあふれる」職場をつくるために「ライン（現場従業員）」の立場の人たちが取るべき5つのステップを紹介していきます。

部下に求められる、参加・貢献のメンバーシップ

前章で述べてきたように、「働きがい」のある職場をつくるために上司側に求められるのは、一言で言えば「共感・引き出しのリーダーシップ」です。

部下の自尊感情や自己効力感、すなわち「認めてもらえた喜び」を高めていくために、上司は部下の話にしっかりと耳を傾け、共感するようにします。そうするなかで、「ここがあなたのいいところだよね」と部下の持ち味や強みをどんどん引き出し、それを部下の仕事の役割にセットアップすることで部下を勇気づける、背中を押してあげることが大切です。

ただし、働きがいあふれる職場は、管理職や経営者にお任せでは実現できないと私は考えています。部下や従業員側にも、自分たちの「働きがい」を高めるための努力が必要で

す。そのためのキーワードが「参加・貢献のメンバーシップ」です。

まずは「参加」ですが、これは文字通り、チームがよい目的に向かって取り組むことに自分も参加する姿勢です。

職場でよく見かけるのは、みんなが一丸となって取り組んでいるときに、一人だけ斜に構えたように離れた場所で見ている人です。本人はそれがクールだと思い、「みんなで頑張るなんて青臭いし、楽しいことはない」とか、「自分は自分、他の人たちとは違う」などと割り切っているつもりかもしれません。

しかし、本当は仲間に加われないことに寂しさやもどかしさを感じているのではないでしょうか。やはり、自分一人だけ孤立した仕事をしていても、充実感は得られません。チームの活動に積極的に参加してはじめて、働きがいを感じることができます。

単に参加するだけでなく、「貢献する」ことでさらに働きがいは高まります。貢献とは、「自分だからできる役割は何だろう」と考えて、積極的にチームに関わっていく姿勢です。もちろん上司から与えられる役割もありますが、受け身でいるだけではなく、自分ができる役割を自ら提案していくことが大切です。

チーム全体を見渡してみて、自分が貢献できそうな新たな役割に気づいたら、このように提案してみます。「これをやってみてはどうでしょう。みなさんはそれぞれの持ち場でお忙しそうなので、ぜひ私にやらせてください。私はこれが得意なんです」

こうして積極的にチームに貢献することで、チームの一員としての働きがいを得ることができるのです。

上司から部下に対する「共感・引き出しのリーダーシップ」と、メンバー同士の「参加・貢献のメンバーシップ」。この両方が有機的に機能してこそ、「働きがいあふれる」チームをつくることができます。そのことを実感したエピソードをお話ししましょう。

私が営む会社は企業研修でワークショップを行う際にも、リーダーシップとメンバーシップについて参加者に話をします。ワークショップでは、3〜5人単位のグループに分かれて議論し、意見をまとめて最後に発表するのですが、この一連のプロセスも一つの〝仕事〟と捉え、その質を高めるために次のようにマインドセットするのです。

「今日は司会者がリーダー役です。リーダーはメンバーの話に共感しながら、意見を引き出してください。その際、メンバーも受け身ではなく、積極的に議論に参加してグループに貢献しましょう。アウトプットを最大化するには、双方の協力が不可欠です」

通常、初対面の人同士でグループを構成すると、メンバーは様子見になりがちで、司会者だけがボソボソと話し始めることが多いものです。しかし、先ほどのような話をするだけで、グループワークの質がグンとよくなります。それだけメンバーシップが重要であることが理解できると思います。

ステップ① 「やらされ感」をなくすには「自律意識」を持つ

仕事に充実感や満足感を感じることで「働きがい」につながるわけですが、その最大の敵は「やらされ感」です。自分の嫌いな仕事や苦手な仕事を嫌々やらされる、あるいは上司が「やれ」と言うから意味もわからずやる――こうした「やらされ感」で仕事に取り組んでも、働きがいを得ることはできません。

やらされ感をなくすには、「自律意識」を持つことが大切です。チームへの参加や貢献のために、自分ができることを自分で考え、自分で「やる」と決めて取り組む意識です。

ただ、「自律型人材になりなさい」と会社から言われると、それはそれで「やらされ感」を覚えるのも事実です。

今は社会全体の動きとして、「自律型人材の育成」に力を入れる企業が増えています。

その背景には、働く人たちが多様化するなか、昔のようなトップダウンや軍隊式の組織では、社会の急激な変化に対応できないという危機感があります。社会の変化に柔軟に対応していくためには、自律意識を持って会社や組織も変えていこうとする人が求められるという論理で、「自律型人材の育成が重要だ」と経営陣は言うわけです。それがかえって、優秀な人たちには食傷気味に感じられることもあるかもしれません。

しかし、個人の働きがいを考えるなら、会社から言われたからではなく、自分のために自ら「自律型人材」を目指すべきだと私は思います。

繰り返し述べているように、年功序列や終身雇用が崩壊し、会社の言う通りに働いていれば生活の安泰が保証される時代ではありません。また、個人のビジネスキャリアのほうが、30年と言われている企業寿命より長くなることも目に見えています。自分のキャリアのことは、会社頼みではなく、自分で考え切り拓いていかなければなりません。

その際、キャリアをどう積み重ねていくかも重要な問題ですが、自分はどう働いていきたいのか、働くうえで何を大事にしたいのかをぜひ考えてほしいと思います。

もし、あなたが「働きがい」を求めるなら、チームへの参加や貢献のために何ができるかを自分で考える「自律意識」を持つことは、その最初のステップになるはずです。

ステップ② 作業を仕事に変えるには「役割理解」にこだわれ

私は「仕事」と「作業」は違うと考えています。「働きがい」を感じられないのは、「作業をやらされている」ことも大きな理由です。

「仕事」と「作業」の違いをみてみましょう。

たとえば、「コピーを10部とっておいて」と、上司の指示でコピーをとるのは「作業」です。自分の頭で考えることなく、言われた通りに手を動かすだけの「作業」は、どれだけ繰り返しても面白くありませんし、働きがいは得られません。

働きがいを生むには、「作業」を「仕事」に変えていかなくてはなりません。

たとえば、「15時からA会議室でチームミーティングを始めるから、それまでに資料を10部用意しておいて」と上司に頼まれて、「チームメンバーにはベテラン社員さんもいるから、文字が小さすぎると読みづらいかもしれない。縮小コピーは止めよう。場所がA会議室なら、先に資料を机の上に並べておくと喜ばれるかな」と自分なりの工夫を加えて作業すれば、それは「仕事」になります。

ここで「仕事」とは何かをまとめてみると、「仕事＝目的＋作業」の方程式で表現することができます。この場合の「目的」とは、「チームミーティングに使用する資料を、メンバーが使いやすいように用意すること」と理解できます。この「目的」を理解すること、つまり「自分に期待されている役割」を理解することが、「仕事」においてはとても大切なのです。

「目的」を持って自律的に仕事に取り組めば、そこには必ず「工夫」が生まれます。「工夫」が具体化されたものが「作業」です。いくら「工夫の余地がない」と思える仕事でも、目的からよく考えれば工夫できることは必ずあるはずです。その工夫が仕事をよりよい結果に導き、お客さまに喜ばれたり、チームメンバーにも認めてもらえるといった手応えとなり、「働きがい」を生んでいくのです。

そのような話をすると、「工夫が大事と言っても、上司は作業を指示するだけで、仕事を任せてくれない」「作業の目的がわからないから、工夫のしようがありません」と不満の表情を浮かべる人がいます。ですが、もし目的や役割がわからなければ、上司や先輩に聞いてみてください。

仕事の目的や自分の役割は上司から教えてもらうもので、自分から聞くものではないと思い込んでいる人、あるいは過去に上司に質問したところ、「そんなこと聞かずにさっさと手を動かせ」と一蹴されて、嫌な思いをした人もいるかもしれません。それでもやはり、「目的や役割がわからなければ自分から確認する」ことは、自律意識を持って仕事をするためには大切なことだと思います。もちろん、質問の仕方やタイミングは一考すべきですが、面従腹背《めんじゅうふくはい》になってしまうことは、自分にとってもチームにとってもよいことではありません。

「役割理解」と「働きがい」は、今の時代だからこそ、密接に関係していると言えるかもしれません。

以前はチームメンバーのスキルや能力がある程度均一だったため、メンバーがそれぞれに力を発揮することでチームに貢献していました。いわゆる同じ大きさや形のタイルが整然と並んでいる状態であり、チーム内での自分の役割はそれほど重要ではありませんでした。

ところが、働く人が多様化した今の時代においては、たとえば、Aさんが得意なことはAさんがやり、Aさんが不得意なことは、それを得意とするBさんが補うことでチームが成り立っています。つまり、パズルの凹凸が組み合わさって、一つのビッグピクチャーが出来あがるように、それぞれに持ち味や強みが異なるメンバーが助け合うのが、今の時代の新しいチームワークです。

他のメンバーとは違う自分の強みや持ち味を理解し、「だから私はこの役割を担うのだ」と実感できることで、仕事での充実感が増し、働きがいにつながります。

ステップ③　支え合い感謝し合う「尊重連携」の促進

パズルの凹凸がうまくかみ合うためには、互いに尊重し、連携し合うことが大切です。「尊重」とは、自分にはない専門性や強みを持つ「相手」に対してリスペクトすること。そして、他のメンバーも、彼らにはない専門性や強みを発揮して仕事に取り組む「私」に対してリスペクトすること。お互いに相手への尊重の気持ちを持つことで、チームにプラスのエネルギーが生まれ、「連携」が生まれてきます。

たとえば、隣の人が困っていたらサポートを申し出るとか、自分の強みを発揮して与えられた役割に全力投球することで、周りの人の背中を押してあげるということを、お互いに声かけしながら行っていきます。こうした日々の連携を、上司の指示を待つのではなく、一人ひとりが自律的に行うことが大切です。

サッカーでたとえるなら、見事なパス回しでシュートに結びつける〝全員サッカー〟のイメージです。選手同士がお互いに目配りしながら、自律的に考え、瞬時に判断して動くことでゴールを目指すスタイルです。

サッカーに限らず、トップアスリートの勝利会見を見ていると、「チームメイトやスタッフのみなさんに支えられて今の私がいます」と、必ずと言っていいほど周りの人たちへの感謝を口にしています。個人競技でも団体競技でもそれは変わりません。尊重と連携があってこその勝利であり、また、その言葉がさらにプラスのエネルギーとなり、チームの力に変わっていくということなのでしょう。


尊重連携がうまく機能するためには、一つ重要な前提があります。チーム全体の目的を理解し、それを常に意識しながら仕事に取り組むことです。

チームの目的をしっかりと掲げ、メンバーに理解させるのは上司の役割でもありますが、チームの目的がメンバーに共有されず、短期的な個人の業績目標やノルマばかりが強調されると、メンバーはお互いに助け合うどころか、足の引っ張り合いを始めるでしょう。

私の古巣であるリクルートでの話をすると、リクルートで〝トップ営業マン〟になることはそれほど難しくありません。意外に感じるかもしれませんが、リクルートではさまざまな部門で毎月のように表彰を行っているので、たまたまの幸運に恵まれて、トップ営業マンとして一度でも表彰されたことのある人は大勢いるのです。

ただ、トップ営業マンで居続けることは、容易ではありません。なぜなら、自分一人の力だけでトップに居続けることは不可能に近いからです。

営業マンは、みんなが互いをライバル視していると思われがちですが、常にトップ営業マンで居続ける人は、メンバーに対する尊重連携もできる人です。隣の営業マンが担当顧客へのアプローチで悩んでいれば、自分の成功事例や有用な情報を共有したりします。彼や彼女がそうするのは、世の中やマーケットに対してよりよい価値を提供することが、チームの長期的な目的だと理解しているからです。

そして、メンバーに対するサポートや感謝は、いずれ自分にも返ってくることを知っています。自分が困ったときに、今度はメンバーがあなたを助けてくれるのです。こうした支え合いの連鎖が、結果的にその人をトップ営業マンの座に押し上げているというわけです。

雑誌の編集長を務めていた頃、笑福亭鶴瓶さんにインタビューする機会がありました。今でも強く印象に残っている言葉があります。

「売れ続ける芸人て、どんな芸人やと思う?」と聞かれて、私は「それは面白い人じゃないですか」と答えました。すると鶴瓶さんはこう言ったのです。

「そう思うやろ? でもそうやない。売れ続ける芸人は、スタッフを大事にする人や。芸人といっても、常に面白いアイデアが湧き続けるわけやない。いつもスタッフを大事にしてれば、自分がスランプのときも助けてもらえるし、一緒に気持ちよく仕事をさせてもらえる。だから売れ続けるんや」

この言葉を聞いて、尊重や連携が大事なのはどの世界の仕事でも同じなのだ、と強く思いました。

支え合い感謝し合うことで、あなたの仕事はより働きがいのあるものになっていきます。また、チーム内での尊重連携の連鎖が、職場を「働きがいあふれる」場所にし、チームをますます強くしていくのだと思います。

ステップ④　自分の持ち味を活かし、「組織貢献」し続ける

期中から期末に向けては、チームのために具体的な成果を出していくことが求められます。これが「組織貢献」です。

こう書くと、冷めた論者たちは、「それこそ会社の思うつぼじゃないか。会社色に洗脳されて、いいように働かされている」と穿《うが》った見方をするのかもしれませんが、「組織に貢献することで、自分の『働きがい』も高まる」と考えてみてはどうでしょう。何と言っても、今勤める会社で働くことを決めたのはあなた自身なのですから。

「会社に都合よく働かされて、割りを食うのはごめんだ」などと強い利己主義に縛られているうちは、その人と一緒に働きたいと思う人は少ないでしょう。周りから人が離れ、チームで孤立すれば、働きがいを感じることはできません。

反対に、自分から進んでチームに貢献する人は、上司や同僚から努力や成果を認められ（＝承認）、感謝されます。ここ数年流行りのポジティブ心理学でも指摘されているように、自分の貢献が周りから感謝されることで、結果的に自分が幸せになっていくことが多いのです。

具体的な成果を出すことで、達成感や成長実感を味わえることも重要なポイントです。承認欲求が満たされるのみならず、達成感や成長実感を得ることも、「働きがい」を感じるための重要な要素なのです。

また、チームへの貢献を通して、リーダーシップを磨くトレーニングにもなります。リーダーシップの条件として、メンバーの話に共感し、彼らの持ち味や強みを引き出す力が求められると述べてきました。その一方で、リーダーにはメンバーに共感してもらう力も不可欠だと考えています。

課長や部長が役職権限で部下を管理するのとは異なり、リーダーに公式な職位は関係ありません。年齢も関係ありません。自己犠牲を覚悟してでも顧客のために頑張る姿や、自分のことは差し置いてもチームのために全力を尽くす姿勢にメンバーが共感し、「この人がこれだけ頑張っているのだから、自分も頑張ろう」という前向きな気持ちが感染していく――、これがリーダーシップではないでしょうか。

「組織貢献」は、リーダーを目指す人が特に意識して臨みたいステップと言えると思います。

ステップ⑤ 健全な利他主義の「成果報告」で認められる

多くの会社では人事考課面談を実施していることでしょう。期末には、1年もしくは半年を振り返り、評価を受けるための面談に臨みます。

評価の際に上司が注意すべき点として、「本人の納得を獲得できる評価」を挙げました。では、部下は上司の評価を受け身で聞けばいいのかというと、そのようなことはありません。自分の努力や成果が正当に認められるよう、上司に成果を報告することが大切です。

たとえば、仕事のプロセスにおける自分なりの工夫や、自分の持ち味が仕事にどのように活かされたのか、成果を自分ではどのように評価しているのか、それらを踏まえ次期はどのように取り組んでいくつもりなのか。これらを部下が自分の言葉で報告してこそ、上司は部下の仕事ぶりを十分に理解し、業績や成果を正しく評価できるのではないでしょうか。

ところが、日本人はその奥ゆかしさから、自分の努力や創意工夫、強み、成果などについて自分からアピールしようとはしません。自慢のように聞こえるのは嫌らしいと思うからでしょう。また、「部下の業績や成果に目を配るのは上司の仕事」と思っている人も、少なくないと感じます。その結果、周りに努力や成果が伝わらず、「誰も褒めてくれない」

「認めてくれない」という不満につながっているようです。

この点について、組織学者である太田肇教授は、著書『認められる力』（朝日新書）のなかで「他人から認めてもらうために、自分でもその努力をすべき」と指摘しています。認められるための努力をせずに、「上司は自分のことを認めてくれない」と文句を言うだけでは、他責に過ぎるというわけです。

そしてこうも主張します。

「相手から認められることを期待した行為はけっして利他主義に反しないばかりか、むしろ健全な利他主義といえる」


上司も同僚もそれぞれに仕事を抱えて忙しく働いていれば、チームメンバーの状況を把握できないこともあるでしょう。「自分のこの強みを活かして、この仕事をこのように成し遂げました」ということは相手に伝え、理解してもらう努力をすべき――この太田教授の主張はもっともだと思います。

上司が部下のことを理解し、認め、褒める努力をすると同時に、部下からもそのためのコミュニケーションを自発的に行う必要があります。双方の働きかけがあってこそ、「部下はそういう思いで仕事をやってきたのか」「その結果としての成果なんだな」ということが上司に伝わり、部下の仕事が認められることになります。

部下も納得できる評価というのは、上司に全てを任せた受け身の評価ではなく、部下からの健全な利他主義による成果報告のうえに成されるものです。それが部下の働きがいを高めることにもつながるのです。

この章の最後に、自ら働きがいをつかみ取った人たちの例を紹介したいと思います。

子どもの貧困対策に向き合うNPO法人キッズドア（東京都）は、無料学習会「タダゼミ」を展開しています。親の経済状況などから塾などに通えず、高校受験対策に不安がある中学3年生を対象に、学生ボランティア講師が無料で勉強を教える活動です。

私は現在、この活動に少額ですが毎月寄付する他、「子どもたちの目が輝く社会をつくりたい」と考える私の会社の田岡英明シニアコンサルタントとともに組織づくりの応援も始めています。活動報告会で学生ボランティアたちの話を聞く機会があったのですが、彼らが働きがいを持ってボランティア活動に取り組んでいることに感銘を受けました。

ボランティアである彼らには、当然ですがアルバイト代は支払われません。塾講師や予備校講師のアルバイトのように教え方のマニュアルが整備されているわけでもなく、「こうしなければならない」という強制力はありません。学生たちは、自分たちで工夫を凝らし、自分たちのやり方で子どもたちに勉強を教えています。まさに「自律意識」を持って働いているのです。

学生たちの活動は、塾や予備校のアルバイトでは決して出来ないことばかりです。たとえば、子どもたちが前向きに勉強に励んだり、進学に対して意欲的になれるように、勉強の悩みを聞いてあげる。あるいは、子どもたちにもっと勉強を好きになってもらうために、「わかった！」という瞬間をできるだけ経験させてあげようと、プリントを自分たちで工夫してつくってみる。勉強を教えるだけでなく、将来の夢を聞いてあげたり、一緒に遊んであげたり……。

彼らがなぜそこまで親身になって子どもたちに寄り添うのかといえば、キッズドアが掲げる「全ての子どもが夢と希望を持てる社会へ」という目的達成のためです。困難な環境が理由で進学をあきらめる子どもは、就職も不利になり、貧困は次世代にも連鎖します。負の連鎖を断ち切るために自分たちは活動しているのだ、という熱い思いが、彼らの活動に工夫をもたらし、仕事を面白くしているのです。

学生たちが目的に向かって創意工夫を凝らすにつれ、子どもたちにも変化が表れたと言います。勉強に向かう子どもたちの目が輝いたり、「高校に行きたい」という言葉が出てきたり――。それがまた、学生たちが活動に取り組むエネルギーになっているようです。

学生たちのコメントで、もっとも印象に残っている言葉があります。

「自分が子どもたちに勉強を教えてあげていると思ったけれど、振り返ってみると、自分が子どもたちから元気をもらっているんです。この活動を通して自分自身が成長できた実感があるし、子どもたちの笑顔や、受験合格の知らせを受けると、『もっと頑張ろう』という気持ちになります。子どもたちにはとても感謝しています」

子どもたちのために自律的に取り組んだことが、子どもたちから喜ばれるだけでなく、自分の成長実感や達成感と相まって働きがいにつながっているのです。

大学を卒業後も、社会人ボランティアとしてタダゼミの活動に参加している人もいます。また、タダゼミで勉強したかつての中学生が、大学生になった今、「自分たちが助けてもらったように、今困っている子どもたちを今度は自分が応援したい」とボランティアとして戻ってくるケースもあります。働きがいの連鎖が、大きなプラスのうねりとなって、貧困問題に立ち向かうキッズドアの活動を支えていると感じました。

学生ボランティアたちのエピソードからわかることは、働きがいとは誰かに与えられるものではなく、仲間と一緒に自分たちの手でつかみ取るものだということです。あなたも上司や同僚と支え合い、連携しながら、自分のために働きがいをつかみ取ってほしいと思います。

第7章

上司が捨てるべき10の固定観念

中間管理職であっても、経営者であっても、リーダーシップをとるべき上司が目先の業務をこなすのに手一杯の現状では、「バラバラな職場を何とかしろ」と言われても、「これ以上どうすれば……」と途方に暮れるしかないのかもしれません。

世界を見れば、先進主要国のうち日本だけGDPが横這いもしくは微減で、一人当たりの生産性も下がり続けています。「こんなに長時間がんばって働いているのに」と愚痴をこぼしてみても、それで結果が出ないのであれば、それは正しい努力ではないのかもしれません。アインシュタインはこんな名言を残しています。

『愚かさとは、昔ながらのやり方を繰り返しながら、違う結果を求めることである』

この章では、上司がその仕事に対する考え方や見方を変えることで、努力を正しい方向に変えていくためのヒントをお伝えします。

捨てるべきは、プレーヤー業務

上司がマネジメントに集中できない現状は、職場やチームにとって不幸であるだけでなく、いつまでもプレーヤー業務に縛られていることは、個人のキャリアにとってよい状況とは言えません。

40代くらいまでは、プレイングマネジャーとして成績を上げていくことはできるかもしれませんが、高齢化社会のなかで65歳や70歳まで働くと考えた場合、今と変わらず働き続けることができるでしょうか。

体力や能力の衰え、仕事へのマンネリ感が生じることは避けられませんし、常に新しい技術や知識をキャッチアップして若い人たち相手に競争力を保ち続けることも容易ではありません。第一線でプレーヤーとして活躍し続けるのは、非常にハードルが高いと言えるでしょう。

これから10年後、20年後もビジネスパーソンとして充実した人生を送るには、自分が手を動かすプレーヤー業務から、人を動かすマネジャー業務へのシフトを念頭において自分のキャリアを構築していくべきだと思います。今はプレーヤー業務に時間と労力を費やしそうになるのをぐっと我慢して、マネジャーとしてのスキルや経験を積めるよう時間配分を考慮するとよいでしょう。

また、会社に要求されるまま目先のプレーヤー業務に奔走しても、会社がこれからもずっと存続し続けるとは限りません。

昨今、会社の寿命はおよそ30年と言われています。帝国データバンクの企業データをみても、30年で99％の会社が消滅しています。一方で、人が働く時間を考えると、65歳定年でおよそ45年、これが70歳定年になれば50年ほど働くことになります。もはや会社の寿命よりも個人のキャリアのほうが長い時代なのです。

短期成果に励んでも、それが長い目で見た場合のあなたのキャリア構築につながるとは限りません。短期成果と長期成果は、非連続であることのほうが多いのです。

いつか消滅する会社と運命をともにするのか、それとも、会社の寿命に関係なく幸せに働き続ける人生を手に入れるのか――。個人のキャリアが会社の寿命よりも長いことを考えれば、個人のキャリアを会社頼みにするのは非常に危険です。自分のキャリアを自分で構築するためにも、今こそプレーヤー業務を捨てて、マネジメント業務へシフトするべきなのです。

そうはいっても、自分がプレーヤー業務もこなさなければ、チーム業績を達成できず、チームが立ちいかなくなるではないか――、と思う人もいるでしょう。

しかし、このように考えることもできると思います。「プレイングマネジャーでなければ成果を出せない」という考え方自体が固定観念ではないかと。

上司が本来のマネジャー業務に集中できるよう、努力の方向を変えるだけで、上司のあなた自身も、あなたの部下も、会社もハッピーになれる方法があるはずです。

ここからは、上司が捉われがちな10の固定観念を示していきます。これらの固定観念を捨て、上司の役割を新たに捉え直すことで、職場にチームワークと活気を取り戻し、管理職自身の成長にもつながるような働き方を見つけてほしいと思っています。

捨てるべき固定観念①「上司は部下よりえらい」という上下関係

40代以上の世代が抱く「管理職像」には、「上司は部下よりえらい」という意識が少なからずあるように思います。「上司が上で、部下が下」「上司が命令すれば部下は動いてくれるもの」というように、上司と部下を上下関係で捉える傾向があります。

こうした上下の意識は、日本企業に勢いがあった高度成長期の価値観の名残と言えます。従業員の面倒は最後まで会社が見てくれ、働き続ければ多少なりとも昇給が見込めた時代には、その見返りとして、部下は上司の横暴で不条理な命令にも我慢して従うことができたのです。

しかし、年功序列や終身雇用が崩れた今は、上司の命じる無理難題に応えても、会社が何も保証してくれないことに部下は気づき始めています。上司がただ命令するだけで部下が動いた時代は、過去のものになっています。

では、これからの時代、上司と部下の関係をどのように捉え直せばいいのでしょうか。

上司と部下の関係はもはや上下関係ではなく、横並びで対等な関係に近づいています。自分の未来を保証してもらう代わりに嫌々でも命令に従う主従関係ではなく、「自分の人生は自分で守る。その代わり自分のやりたいようにやりたい」という対等な関係です。

対等な関係においては、部下を動かすのは命令ではなく、「この上司と一緒に仕事がしたい」「この人に喜んでもらえるような働きをしたい」といった自発的な動機です。上司の人間性や利他的な姿勢が部下の共感や感動を呼び、部下を動かすのです。

ちなみに、命令や報酬など外的要因によって人が動くことを専門用語で「外発的動機づけ」と呼びます。反対に、命令されたからでも報酬のためでもなく、「この上司と一緒に働きたい」「この仕事をやりたい」のように行動自体を目的とすることを、「内発的動機づけ」と呼びます。横並びで対等な関係においては、「内発的動機づけ」が人を動かすうえで重要な要素だということです。

また、上司と部下の関係は、対等であると同時に、相互依存の関係にもシフトしています。私たちが経営者向けセミナーや管理職向け研修で聞く上司の悩みに、「今までとは畑違いの部署に異動し、現場で部下が受け持つ仕事に精通していないため、マネジメントができない」というものがあります。これは上司が部下よりえらい、という古い価値観のうえに立つからそう悩むのです。対等の関係であり、「自分は詳しくない実務だからこそ、経験がある部下に任せよう」と考えればよいのです。そうなれば、部下は上司から頼られ、任せてもらえていると感じることができます。相互依存の関係なのです。

これからの上司は、チーム全体の目的を全うすることに対しては、どのチームメンバーより強い思いを持たなければなりませんが、個々の部下に任せている役割については、精通していなくても務まるのです。

このように、「上司と部下の上下関係」という固定観念を捨てて、「対等で相互依存の関係」なのだと捉え直せるかがポイントです。

対等で相互依存の関係は、町内会の会長と町民のような関係をイメージするとわかりやすいかもしれません。町民は会費を払って町内会に参加しているため、会長が「これをやりなさい」と命令しても誰も動かないでしょう。

町民を動かすには、「なぜ町内会でこの活動に取り組むのか」という目的を話し合い、みんなが納得したうえで物事を進めていかなければならないことは容易に想像できます。また、対等な関係であればこそ、各自が出来ることを通じて町内会に貢献しようとする相互依存の関係も生まれます。

会社組織においても、これからの管理職や経営者は、町内会長やマンション理事会の理事長のような立場になっていくのではないでしょうか。そもそも上司が自分の意思に部下を従わせようとすることに無理があります。

ドラッカー氏が晩年に著した『非営利組織の経営―原理と実践』(ダイヤモンド社)では、NPOなど非営利組織のマネジメントについて論じられていますが、これは非営利組織だけに閉じた話ではないと私は思っています。「これからの時代は、営利組織であっても非営利組織のマネジメントを参考にしなければ成り立たない」というドラッカーのメッセージだと私は理解しています。

捨てるべき固定観念② 肩書きへの執着、依存心

上下関係で組織が成り立っていた従来型の日本企業においては、「肩書き」もまた大き

な力を持っていました。部下が上司に従順だったのは、上司個人の力や人徳というより、会社から与えられた役職やポジションの力であったことは明らかです。

だからというべきか、従来型の組織でがむしゃらに働いてきた人には、部長や取締役など肩書きに執着する傾向が強く、また「部長の自分が命じれば部下は動く」と肩書きの威力に依存しがちな人が多いように思えます。

ところが昨今、肩書きを振りかざしてもなかなか人は動かなくなりました。その理由は、企業と個人のパワーバランスの変化でも説明することができます。

先の上司・部下の上下関係は、すなわち企業と個人の上下関係と言い換えることができます。年功序列と終身雇用という笠のもと、立場の弱い個人は企業の言うことを聞かざるを得ない状況が延々と続いてきました。個人よりも企業が力を持っていたのです。

ところが、今はそのパワーバランスが完全に崩れています。少子高齢化の影響で人手不足に直面する企業は、長時間労働や辞令1枚での転勤にも無理の効く男性ばかりでなく、働く時間や場所に制限や制約のある女性や年配者にも活躍してもらわなければならなくなりました。企業に滅私奉公するより、自分のプライベートを充実させたい若者も増えています。企業の都合より、個人の事情や要望を配慮せざるを得ない状況において、企業よりも個人が力を持ち始めているのです。これを私は「企業から個人へのパワーシフト」と名づけています。

そのようななか、肩書きの効力も薄れつつあるということです。

肩書きに執着する人は、自分がそうであることから、他の人も昇進を望んでいると思いがちです。しかし、今の若者や女性の多くは昇進してえらくなりたいと思っているわけではありません。昇進しても業務が増えるだけで給料は増えず、メリットが少ないことに気づいています。また年上部下にあたるシニアにとって、社内でのポストはもはや働く動機にならなくなっています。

中高年層の肩書きへの執着を物語るエピソードを紹介しましょう。ある伝統的な大企業での話ですが、今では仕事や役割によって賃金を決める職務給が導入され、評価が悪ければ降格もあり得る状況だといいます。あるとき、降格を恐れた50代の部長が人事部に泣きついて、「なんとかあと半年、部長職のままでいさせてほしい」と懇願したそうです。4カ月後に控えた娘の結婚式に部長の肩書きで出席したかったからです。

しかし現実には、父親がこだわるほど、娘さんや結婚相手はそこまで肩書きの体裁にこだわっていないかもしれません。肩書きにしがみついているのは父親だけだとしたら、なんとも切ない話です。

これからの時代、上司は肩書きに頼らず、部下をどう動かすかを考えなければなりません。

ある大手企業の人事責任者との対談で、なるほどと思ったことがあります。「人は課長に昇進しても、その瞬間に課長になるのではない」ということです。人事責任者は次のように話してくれました。

「多くの新米課長は、初めは『課長』という肩書き自体に人を動かす力があるように勘違いします。しかし、やがて命令するだけでは人は動かないことに気づき、どうすれば人を動かすことができるかに悩み、試行錯誤し始めます。そして命令ではなく、部下のやる気を高めるべく真正面から向き合うようになってはじめて、本物の課長になれるのです」

肩書きはむしろ後からついてくるものである。そう心得たとき、部下との向き合い方は、指示・命令から共感の創出へと変わっていくのかもしれません。

捨てるべき固定観念③　損得勘定で考えてしまう癖

「損をしたくない」という気持ちは誰にでもあると思います。「損な役回りは引き受けたくない」「これをやって自分に何のメリットがあるのか」とつい考え、計算してしまうのです。

しかし、自分の損得ばかり考えて行動する上司に、部下はついて行こうとは思いません。

では、どのような上司なら部下はついて行きたいと思うのかといえば、部下のことを常に考え、顧客に喜ばれる仕事をするためなら自己犠牲も厭わない——、そのような上司の姿勢には部下も共感し、「この人と一緒に働きたい」と思うのではないでしょうか。

そうは言っても、他人のために自分が犠牲になったり、割を食ったりするのはやっぱり嫌だと思うかもしれません。しかし、これも固定観念です。見方を変えれば、短期的には損だと思えることも、中期的にみれば損ではないことも多いものです。

たとえば、人に親切にする行為も、一見すると自分が損しているように感じるかもしれません。電車のなかで本当は自分が座って楽をしたかったのに、誰かに席を譲るのは自分が損しているように思えます。

ところが、席を譲った相手から「ありがとう」と感謝されることで喜びを感じ、また誰かの役に立てたことで自己肯定感を得ることができます。相手のことを考えてとった行動が、相手から感謝される。このポジティブな循環が大きくなっていくことで、実は自分が一番幸せになっていることがよくあります。


これまでビジネススクールで学ぶ経営学は、「いかに損せずに得するか」という商売のテクニックに特化しがちで、それを実践すればするほど人の心が離れていくという側面にはあまり触れられていませんでした。損得勘定に秀でた人は、短期的に利益を上げることができるかもしれませんが、搾取されることに嫌気が差した人々が離れていけば、商売も衰退していくのは目に見えています。よく言われることですが、金儲けの一番の近道は、人を大切にすることです。だから最近では、遅まきながら欧米のビジネススクールでも、ポジティブ心理学が取り入れられたり、幸福論や東洋思想に注目が集まっているのです。

損得勘定に捉われていると、周りから人がいなくなり虚しさが残るだけです。人と関わり、人のために動くことで感謝される。そこに喜びを感じることで、自分が幸せになる——。

こんなふうに捉え直してみてはどうでしょうか。

捨てるべき固定観念④　部下を監視する目

読者のみなさんは、「管理職」の役割をどのように捉えているでしょうか。「管理職」という言葉から、部下が間違いを犯さないよう、不正や悪事を働かないよう監視する役割をイメージするかもしれません。

しかし、これまでも述べてきたように、長期的に見れば、管理主義は企業にも個人にも百害あって一利なしです。監視を強化すればするほど、人はやる気を失って受動的になる、あるいは監視への反発から余計に悪い方向へ向かう、また批判を恐れてネガティブな結果を隠そうとするなど、上司の望まない方向に部下を追い詰めることになります。

その結果、都合の悪い情報が上司に届かなくなれば、上司は裸の王様への道を一直線に進むことになります。部下の粗探しやミスの指摘を上司の仕事の一部と考えている人は、要注意です。

上司が部下を監視しようとするのは、部下への不信感が根底にあるからではないでしょうか。自分よりも未熟で経験の浅い部下のことを信じることができず、認められないために、「部下は監視しなければ誤った方向へ向かう」「部下は上司の言う通りに仕事すべき」という考えを持ってしまうのです。

最近は、大企業での不祥事が相次いだり、個人情報がインターネット上に流出する不手際が重なったりして、企業のコンプライアンス強化が叫ばれています。これについて同志社大学の太田肇教授は、著書『個人を幸福にしない日本の組織』（新潮新書）のなかで、「過剰管理するほど不祥事の温床になる。統制やルールを厳しくする、不祥事を起こした者を厳罰に処するなど、過剰に管理すると余計に不祥事が増えていく」と指摘し、行き過ぎた管理主義への警笛を鳴らしています。

太田教授は、管理↓依存↓管理の悪循環が広がった結果、「粗暴型」「たるみ型」「私益追求型」「未熟型」「組織エゴ型」「ゴマすり型」といった不祥事が発生するとしています。「粗暴型」「たるみ型」「私益追求型」については、管理強化や服務規律の徹底、それに厳罰化の抑止力によって短期的には抑制できるかもしれない。しかし長期的には懸念がある。「未熟型」については、いくら管理を強化し、処分を厳しくしても効果はない。それどころか、厳しく叱責されたり罰せられたりすることを恐れてパニックに陥ってしまうケースや、ミスを隠そうとしてより重大な結果を引き起こす場合がある。「組織エゴ型」や「ゴマすり型」

については、管理強化の効果が期待できないばかりか、かえって逆効果になる可能性がある、としています。

部下は監視すべき存在であるという固定観念を捨てて、部下への目線を次のように変えてみてはどうでしょうか。

「任せた仕事が100点に届かなくても、60点取れたら十分じゃないか」。つまり、できなかったことを責めるのではなく、できたことに目を向ける姿勢です。さらに、部下の報告のなかに上司すらも気づかなかった工夫や、部下が自ら考えた仕掛けがあったら、それを認めて褒めてあげるのです。

「これ、君が気づいてやってくれたの？　ありがとう！」

そのためには、「未熟で経験の浅い部下にもよいところはあるはずだ」「部下のよいところを褒めて伸ばしていこう」というような、部下を信じ見守る気持ちが大切です。そうすれば、部下のほうから「こんなことをやってみたのですが、どうでしょうか」と積極的に上司に報告・連絡・相談したくなるに違いありません。

部下は「監視する（見張る）」のではなく、「見守る」ものだと実感した私自身の経験をお話ししましょう。

情報誌の編集部員だった若手の頃、私は企画会議が憂鬱《ゆううつ》で仕方ありませんでした。というのも、編集部員が提案する企画を上司である編集長が徹底的にダメ出しするのです。「なんだ、これ？　もっと勉強してから出直しなさい！」「こんな企画を世の中に出せるわけがない」と酷評されて、誰も意見を言えなくなってしまいました。

私はその雰囲気がとても憂鬱でした。そこで、自分が編集長に就任したとき、みんながもっと意見が言いたくなるような会議にするため、企画会議のやり方を変えました。

まず、会議室の壁一面に並べたメンバーの企画書をみんなで見て、「自分が読者だったらこの企画を読みたい」と思う企画に手を挙げてもらいます。一定数以上の点数を得た企画だけを残し、それ以外は議論することなくボツにします。それによって「あぁ、今回はダメだったんだ」と本人にはわかるので十分です。

残った企画に対しては、「この企画のどこがいいと思ったのか」「さらによくするためにどうすればいいと思うか」について意見を出し合います。ダメなものを「ダメ！」と言うのではなく、よいものをよりよくするための議論に集中することで、どんどん意見が出るようになったのです。詳しくは、拙著『若手社員が化ける会議のしかけ』（青春出版社）をお読みください。

これが衆智を活かすリーダーシップです。リーダー一人の知恵では限界がありますが、みんなが意見を言いやすく、また「意見を言いたい」と思えるような雰囲気にすることで、自分一人で考えているとき以上のアイデアが湧き出る状況をつくることができました。

上司が力を注ぐべきは、部下を監視することではなく、見守ることです。一人ひとりの持ち味や強みを見つけて、それを伸ばしていく。「監視」を「見守り」に変えるだけで、チームは驚くほど活気を取り戻します。

捨てるべき固定観念⑤　プレーヤー業務の約７割

いつまでも第一線で活躍することで自分は食べていける、と思っている人もいるかもしれませんが、これも固定観念です。ロボット技術が目覚ましく発展を遂げるなか、プレーヤー業務はいずれロボットに代替される時代がやって来るかもしれません。プレーヤー業務に忙殺されて縛られていると、いずれ自分の仕事がなくなってしまうかもしれないのです。

２０１５年12月、野村総研が６０１種の職業ごとに試算したコンピュータ技術による代替確率を発表しました。それによると、10～20年後には、日本の労働人口の約49％が就いている職業がロボットに代替されるそうです。

代替可能性の高い職業としては、ＩＣ生産オペレーター、一般事務員、銀行窓口係、スーパー店員、自動車組立工・塗装工、建設作業員、検針員、会計検査係員……など定型業務を中心に１００の職種が並んでいます。

一方で、創造性や協調性が必要な業務や非定型な業務、ホスピタリティやサービスが重視される領域は人間にしかできないと考えられてきました。しかし、現実にはその領域すらもロボットが侵食しつつあります。

たとえば、長崎のリゾート「ハウステンボス」は、ホテルのフロントやポーター業務などにロボットを導入し、人件費を通常の４分の１にまで抑えた〝ロボットホテル〟を２０１５年7月にオープンしました。クリエイティブ領域では、人工知能にまるで小説家の星新一さんが書いたかのような小説を書かせる研究も進んでいます。これは星新一さんのショートショート全編を分析し、そのパターンやアイデア発想法を人工知能に学習させることで、実現を目指しているそうです。

こうした例を見ると、私たちはよほど創意工夫を重ね、人間にしかできない仕事を考えていかなければ、仕事を失う道を確実に進むことになりそうです。

プレーヤー業務は、いわば「自分が手を動かす仕事」であり、ロボットに代替されるリスクは高いと言えるでしょう。それよりも「人の心を動かす仕事」であるリーダー業務にシフトするほうが、先々もロボットに仕事を奪われるリスクは減らせるはずです。過去の経験則を分析しながら、最適な意思決定をするために経営もＡＩに任せようとする動きすらあります。合理的な判断はロボットにできても、人の気持ちに配慮しながら育て活かすリーダー業務はロボットには難しいはずです。そのリーダー業務にこそ、私たちはシフトしておくべきでしょう。

そのためにも、プレーヤー業務の約７割は捨てるのが賢明です。プレーヤー業務のすべてを捨てることは難しいかもしれませんが、選択と集中によって「自分にしかできない仕事は何か」を見極めることが大切です。

捨てるべき固定観念⑥　部下へのバカげたライバル心

部下が思いもよらぬ成果を上げると、部下を認めて褒めるどころか、「たいしたこともやってないのに、なんであいつが!?」と部下に嫉妬を覚え、「俺のほうが仕事はできるのに」と部下をライバル視してしまう人も多いのではないでしょうか。

部下に対して嫉妬心やライバル心を燃やしてしまうのは、上司側にプレーヤー意識と損得勘定が強いからと言えます。本来はチームをまとめる立場の上司が、部下と同じプレーヤーの土俵に降りてしまい、部下との間で「どちらが損か、得か」「どちらの立場が上か、下か」を勘定してしまうことが原因です。

それゆえに、部下が成果を出せば「相対的に自分が劣っている」「部下に見下されているのでは」と卑屈に感じたり、あるいは「部下が評価されれば、自分との立場が逆転してしまうのではないか」と不安になったりするのです。

部下へのバカげたライバル心を克服するには、「優秀な部下は上司の立場を脅かす存在ではなく、上司自身の評価を高めてくれる存在」と捉え直せるかがポイントです。繰り返しになりますが、上司とは本来、チームをまとめる立場です。部下の成果は、チームをまとめる上司の成果になり、上司としての評価が高まるのが本来の組織の姿です。

このように書くと、「上司が部下の手柄を横取りするのはいかがなものか」という議論が出ますが、部下の成果＝チームの成果＝上司の成果であるのは、組織として当然のことです。そこで部下が苛立《いらだ》ちを覚えるのは、まるですべて上司の指示のもと、上司の創意工夫により実現したかのように上に報告されるからです。

部下のやる気をそがずにチームに貢献してもらうには、部下の努力やプロセスを認め、「彼（彼女）の頑張りがあったからこその成果」ときちんと評価することが大切です。そうすれば、チームの責任者として上司が評価されても、上司と部下の良好な関係を維持したまま、部下のさらなる奮闘やチームへの貢献を引き出すことができるでしょう。「部下は決して競争相手ではなく、ともに働く仲間」と意識を変えれば、部下の活躍に嫉妬することはなくなります。自分はリーダーとして部下の能力や成績を伸ばすようサポートすることで、チーム全体の成績を押し上げ、上司である自分の評価も高めていくことができるはずです。

上司が部下の活躍に嫉妬し、立場の逆転に警戒しがちであるのに対し、若い部下はそれほど気にしていないということもつけ加えておきたいと思います。

今の若者は、昔ほど上司・部下の上下関係を意識していません。肩書きに魅力を感じないため、「社内のポジション争い」にはあまり興味がなく、冷めた目で見ています。

女性も同様に、社内のポジションを気にするよりも、自分がいかに社会に貢献できて、社会から必要とされるかという視点で仕事を捉えています。

こう考えると、バカげた嫉妬やライバル心に捉われているのは、中高年男性だけなのかもしれません。それによって優秀な部下のやる気をなくし、チームの足を引っ張っているのなら、部下へのバカげたライバル心は今すぐ手放すのが賢明です。

捨てるべき固定観念⑦　つけ焼き刃のマネジメントテクニック

企業によるマネジメントテクニックの社内導入があまり成功していないことはすでに紹介しましたが、個人レベルでもつけ焼き刃のマネジメントテクニックは効果がありません。「マネジメントのテクニックを学べば、チームづくりがうまくいく」と言うのは間違いで、テクニックを学ぶだけではリーダーの仕事がうまくいくとは限らないことを、改めて強調したいと思います。

これは、私自身の経験から得た教訓でもあります。

若手社員の頃、1年間ビジネススクールに通った私は、MBA的なビジネスフレームやツールで武装し、職場に戻ってきました。そして、求められてもいないのに「我が事業の

3カ年計画」を作成し、幹部会議で提案したりしていました。

部長に「おまえ、賢いな」と言われて、てっきり褒められているのかと勘違いしましたが、言葉の裏では「おまえ、バカだね」と笑われていたわけです。今思えば恥ずかしい限りです。実務や現場を知ったうえで人を動かせなければ、どんな素晴らしい戦略も「絵に描いた餅」でしかないことは、実践を積み上げた今ならよく理解できます。

ビジネススクールでは専門書を漁るように読み、感銘を受けた本もたくさんありました。しかし20年経った今、「自分の身になった」と言えるのは、1970年代の名著であるセオドア・レビット著『マーケティング発想法』（ダイヤモンド社）の一冊だけです。

この本には多くの示唆がちりばめられていますが、なかでも有名なくだりを紹介しましょう。アメリカで鉄道が発達した後、航空産業が産声を上げたことで、鉄道が衰退を余儀なくされた時期がありました。その理由はシンプルで、「鉄道事業者たちが自らを『鉄道事業』と位置づけたからである」とレビット教授は述べています。もし鉄道という形態にこだわらず、「人や物の輸送事業」と位置づけていれば、イノベーションが生まれていたかもしれないというわけです。

マーケティングの視点を論じたこの本からは、物事の本質や、何がもっとも大切かを見極めることの重要性を学びました。これが唯一、今でも自分のビジネス人生で役に立っている学びです。

一方で、テクニックやツールは次から次へと新しいものが開発され、陳腐化していきます。人を束ねる立場の人が学ぶべきはそのようなテクニックやツールではなく、物事の本質を学び、それらを見極める目こそ養うべきだと私は思います。

もう一つつけ加えるなら、人間としての幅を広げるための教養も身につけたいところです。上司と部下の上下関係が薄れている以上、上司に人間的魅力がなければ部下はついていきたいと思わないからです。

今の30代はとても勉強熱心です。ビジネスの競争社会で生き残るには自分が力をつけるしかない、とシビアに考えているからでしょう。数年前には教養ブームもあり、ニーチェなど哲学者の言葉を超訳した本を若い人たちが好んで読んでいました。

一方で、中間管理職は、「仕事が忙しくて、本はあまり読んでいない」と言う人も多いのではないでしょうか。「古典は読んだことがないんだよね」などと口を滑らせようものなら、勉強熱心な30代に足元を見られかねません。

捨てるべき固定観念⑧　「割り切り」や「あきらめ」という名の「決めつけ」

上司の期待通りに動かない部下に対して、「どうせこの部下は仕事に対するやる気がない」「彼の成長はここまでだろう」と見切りをつけたり、あるいは「ずっと彼と一緒に働くわけじゃないし、下手に干渉してパワハラだと訴えられても困るから適当に流しておこう」と割り切って接したりする上司もいます。

その結果、仕事を部下に任せず自分で抱え込み、プレーヤー業務に忙殺されるパターンがプレイングマネジャーには少なからず見られます。

部下育成がうまくいかなくても割り切って考え、部下に見切りをつけることは簡単です。しかし、そうする前に、「彼にこれ以上の成長は見込めない」とする部下への評価は、上司自身の決めつけや思い込みではないかと疑ってみる必要があると思います。なぜなら、上司が変わった途端、部下が生き生きと活躍し始めるケースがよくあるからです。

そのような例を、ある大手企業で部門長を務める方から聞きました。その方が立ち上げた新規事業が好調で、組織を拡大するにあたり、社内から追加スタッフを募ることになりました。ところが、どの部署も仕事ができる優秀な人材は部門長が抱え込み、異動させてもらえない状況だったそうです。結局、各部署で戦力外通告を受けたような人ばかりが集まることになりました。

そのうちの一人は、前任の部門長によると「仕事に対するバランス感覚が悪く、周りとのコミュニケーションも下手。仕事で成果は出しにくい」と評価はあまりよくなかったと言います。しかし、相手を色眼鏡で見ることをせず、本人とよくよく対話してみると、たしかに本人のコミュニケーション能力に癖は見られるものの、もとの職場自体のコミュニケーション不足によりスタッフ間の連携が取れていなかったことも問題だったようです。また、仕事に対するバランス感覚が悪いという前任者の評価についても、見方を変えれば「決められた仕事に没頭する」という強みに変わったと言います。

短所を長所として認められたことで、そのスタッフは伸び伸びと仕事に取り組むようになりました。埋もれていた能力を開花させ、今ではリーダーとして大活躍しているそうです。

このエピソードが語るように、上司の勝手な思い込みや割り切り、部下の成長に対するあきらめが、本人やチームの成長を阻害しているケースは意外に多いものです。「部下が文句ばかり言って動かない」「仕事へのやる気が見られない」と批判する前に、無意識のうちに部下を見切っていないか、部下の成長をあきらめていないか、固定観念の罠にはまり決めつけてしまっていないか、ぜひ自分自身に問いかけてみてほしいと思います。

捨てるべき固定観念⑨　経営からの業績プレッシャー

「あなたはなぜ今日も仕事をするのか」と尋ねられて、あなたはどのように答えるでしょうか。「上からの業績プレッシャーがすごくて大変なんだ。それを達成するために決まっているじゃないか」という答えが頭に浮かんだなら、それは固定観念だと思ったほうがいいでしょう。

業績を上げるために仕事をする——、当然のことにように思えるかもしれませんが、こうした意識が仕事の本質を歪めていると感じることが多々あります。

いろいろな会社を見ておかしいと感じるのは、たとえば、営業会社の売上が期末のタイミングになるとグッと伸びて、最後は「目標100％達成！」で終わるケースが多いことです。それまでの半年間の売上は低迷していたにもかかわらず、期末の猛ダッシュで目標が達成されるのは、どう考えても不自然です。期末の1カ月はよほど強引なやり方で営業したのか、あるいは最後に帳尻を合わせればいいやと考えて、それまでの半年間はあまり真剣に仕事に取り組んでいなかったのではと想像してしまいます。

なぜこのようなことが起きるかというと、「業績を上げる」ことが仕事をする理由になっているからと考えられます。経営からは常時「目標必達」のプレッシャーがかかり、顧客に喜ばれる商品やサービスを開発・提供したり、部下が生き生きと仕事をするためにどうするかを考えたりするよりも、業績目標達成を第一義に捉えてしまっているのです。

業績のために仕事をしようとすれば、短期成果を追い求め、マネジャー業務よりもプレーヤー業務に注力するようになるのは必然です。極端に悪質なケースになると、顧客の申込書をねつ造したり、「お願い営業」でいったんは数字を計上するものの、期が改まるとキャンセルになったりする事態も起きています。こうしたやり方を続けていけば、その場を取り繕う〝ごまかし体質〟が染みついて、本物のリーダーや上司にはなれないでしょう。

中間管理職に業績プレッシャーが重くのしかかっていることは重々承知しています。しかし、それでも「何のために仕事をするのか」という仕事の本質を見失うことなく、社会人として仕事人としてステップアップしていく道を探っていただきたいと思います。

捨てるべき固定観念⑩　大黒柱&リーダーは男であるべきという「昭和的価値観」

「リーダーは男性であるべき」「女性に管理職は務まらない」というのも、大いなる固定観念といえるでしょう。

この男性優位の発想は、捨てるべき固定観念①で示した「『上司は部下よりえらい』という上下関係」と根幹は同じです。日本経済の発展を支えてきた「男性正社員中心の年功序列ピラミッド組織」という昭和的価値観がいまだに尾を引いていて、「女性」というだけで下に見たり、能力を軽視したりする風潮が残っているのだと考えられます。

「女性に管理職は務まらない」と言われてきた理由の一つに、「女性は感情的だから」という見方があります。しかし、女性の弱みと考えられてきた「感情的な性質」は、見方を変えれば「周りの人の気持ちに配慮したり、気づいたりする力がある」という強みに変わります。そもそも、今は男性正社員だけでは組織が成り立たないことはご承知の通りです。女性や年配者、外国籍の人など多様な人材で構成されたチームを率いる際には、女性的で細やかなコミュニケーション能力が活きるケースも多いのではないでしょうか。

また、女性に備わっていると言われる「共感力」や「調整力」も、上下関係や肩書きでは部下を動かせないこれからの上司には必要な要素と言えます。

『女神的リーダーシップ　世界を変えるのは、女性と「女性のように考える」男性である』（ジョン・ガーズマ＋マイケル・ダントニオ／プレジデント社）では、これからの時代のリーダーは、女性的であるほうがうまくいく可能性が高いと指摘しています。

その理由として、男性リーダーは「ライバルと闘って勝つか負けるか」という話に終始しがちであることが挙げられています。ここに私の解釈を加えれば、こうした過度の競争心に資本主義の負の部分が重なり、昨今、問題になっている企業の不祥事や粉飾決済を引き起こしているのではないでしょうか。

一方で、女性的なリーダー、つまり「自分の思いや感情、弱さも包み隠さず開示できるリーダー」なら、リーダーとメンバーが相互依存し合うダイバーシティ組織を機能させることができます。また、無駄な社内抗争も減っていくかもしれません。政治の世界においても、女性がリーダーになれば戦争が減るのではないかという見方もあります。

こうした論を踏まえれば、これまで男性の役割だと思われてきたリーダーや管理職だけでなく、営業職においても、実は女性ならではの性質や能力を発揮できるケースは非常に多く、むしろ女性のほうが向いているのではないかと私は思います。

ここまで、上司がとらわれがちな10の固定観念を挙げました。

「部下が言うことを聞いてくれない」「上からの業績プレッシャーがきつくて大変だ」といった悩みは表面的なものです。その悩みの背景にさらに、一歩踏み込んで掘り下げて考えていくと、無意識のうちに自分を縛っていた「部下はこういうものだ」「会社とはこういうものだ」という決めつけや思い込みに気づくことができます。

「部下が動いてくれなかったのは、自分がプレイングマネジャーとして全部抱え込んでいたからだ」「『やれ』と命令していたから部下は反発していたんだ」と自分の言葉として腑に落ちたらしめたものです。あなた自身が変われるきっかけになるはずです。

第8章

崩壊する職場でも、つぶれない自分になるためには

弱さをさらけ出せる強さを持とう

数年前、就職活動で悩んでいるという学生が、私のもとに相談に訪れました。活発な印象のその学生は、「私はリーダーシップがあって周りを明るくするタイプです」とまるで就職活動の自己ＰＲのような挨拶をしました。

私は彼女の顔をジーッと見ながら、こう言いました。

「本当のあなたは、そんな強い部分ばかりじゃないんじゃないの？　弱さをさらけ出すこともときには大事で、弱さをさらけ出せることが本当の強さなんだよ」

すると、彼女は「その通りです」と言うなり、ドッと泣き出してしまったのです。

その学生の言動は、今の社会を象徴していると思いました。

今は誰もが分厚い防御壁で自分を守っています。自分をさらけ出せば、弱点や欠点をあげつらわれて自分の立場が弱くなるのではと恐れ、自分を虚飾しています。

職場もまさにそういう状態です。弱みを見せれば足元をすくわれる、居場所がなくなるんじゃないか。自己武装した人たちが、職場で孤立している状態です。

一人ひとりの持ち味を活かしながら、互いに連携するチームが本来の職場のあり方だとすれば、自分の長所も短所もさらけ出すことが、職場づくりには欠かせません。強がるばかりでは辛いですし、人には自分の弱いところも受け入れてくれる場も必要です。

管理職や経営者もまた、完璧な人間ではありません。自分ができないことは、素直に「できない」と部下や従業員を頼ればいいのだと思います。「信じて頼る」のが信頼なのですから。

ですから私たちは、管理職研修や幹部研修では「リーダーであっても、弱みをさらけ出す勇気を持ちましょう」とお伝えしています。

部下の立場の方々にもインタビューすると、自分の弱みを見せてくれる上司は、人間味を感じるようです。反対に、常に完璧でつけ入る隙がなく、何か提案しても取りつく島がないような上司は、近寄りがたいし、怖く感じるものです。

職場で自分の弱みをさらけ出すことができれば、周りの同僚も「じゃぁ、自分も」と自己開示の連鎖が広がっていきます。お互いにわかり合うことが、チームづくりの第一歩です。

前出の『女神的リーダーシップ〜』の本でも、女性のほうがリーダーに向いているとする「女神的リーダーシップ」の考え方を紹介していました。女性的な人が持つ「弱さ」も、さらけ出すことでそれが「強さ」に変わるのではないでしょうか。

今は誰もが自己防衛のバリアーで自分を守ろうとする時代です。だからこそ、弱みを見せることが、強みになることもあると思います。

弱い絆をたくさん持つ人は強い

過疎が進む地方で、サービス業を営む社長さんからこんな話を聞きました。

学生時代の友人から何十年ぶりに連絡があったそうです。友人は東京の大企業で働いていて、会社からは早期退職を迫られているけれども、会社を辞める勇気もない。どうしようかと悩んでいると。そこで社長さんは、こんな提案をしたそうです。

「じゃぁ、うちに来ない?」

「え? 何かあるの?」

「新事業で、地域の子どもたち向けに学習塾を立ち上げようと思ってるんだ。教育できる人が地域にいないから、どうかな?」

高学歴で研究職の友人は、「それなら、できるよ」と転職を決めたそうです。

このエピソードのように、久しぶりに連絡した友人との間で、「最近どうしてるの？」「今、転職を考えていて……」「こんな仕事あるよ」と転職が成功する例はよくあります。

このような現象を捉えて、「自分の人生を切り拓いていくチャンスは、弱い絆のなかでの接点から生まれていく」（弱い紐帯の強み理論）と唱えたのは、アメリカの社会学者、マーク・S・グラノベッター氏です。

「弱い絆」とは、毎日会うような緊密な関係ではなく、たまにしか会わない顔見知り程度の関係のことです。実はそれほど親しくない人が、自分とは違う世界とつながっていて、大きな機会をもたらしてくれるというわけです。

一方で、会社の同僚のように毎日のように顔を合わせる関係を、「強い絆」と呼びます。近しい仲の人とは、考え方やつき合いの範囲も似てくるため、新しい世界が拓かれることも少ないと考えられています。

将来のキャリアの自律を考えると、職場のなかで群れているだけでは、新たな機会を手にすることは難しいでしょう。「久しぶり」という人との機会を増やすなど、弱い絆を紡ぎ直すことで、人生を切り拓くチャンスが見つかっていくと思います。

自分の居場所を社外に二つつくれ

職場が自分の居場所であることが理想ですが、自分の居場所が会社のなかだけになると、社内で出世コースから外れたり、評価されなかったときに行き詰まります。

もし、会社以外の地域活動で評価される場や、同じ業界や職種仲間に評価される場があれば、会社で評価されなくても心の均衡を保つことができます。

そこで、私がお勧めしたいのが、「会社以外に居場所を二つつくる」ことです。

こう思うようになったのは、私自身の経験があります。

私は初めて管理職に就いたとき、MBA的思考を振りかざして部下から総スカンを食らい、会社での居場所がなくなってしまいました。「24時間働けますか?」というCMが流行った時代であり、もう一つの居場所である家庭も崩壊しかけていました。

唯一私を救ってくれたのが、昔からの友達が集まるコミュニティでした。社外の友人たちが仕事抜きで集まり、週末一緒に旅行したりするサークルのような活動です。その仲間に救われたのです。

高度成長期で会社が一生面倒を見てくれた時代は、会社だけが居場所でも問題ありませんでした。会社が唯一安心できる居場所だったから、仕事もがんばれたのです。

今は会社での居場所も揺らいでいます。しかも、会社は社員に「自律」を求めています。自律するためには、まずは自分が自分らしくいられる場所を作らなければなりません。できれば二つくらいあると安心でしょう。会社以外に居場所があると、そこを足場に会社でもがんばりが効くものです。その先には会社のなかでも自分の居場所が見つかる好循環も生まれやすくなります。

ご縁とお役立ちで運は拓ける

目先の損得だけでなく、ご縁の一つひとつを大切にして、今の自分でお役に立てることを損得抜きでやっていくと、そこから新しい未来が切り拓かれていくことがあります。

先日お話を伺ったリフォーム会社は、ご縁とお役立ちで運を切り拓いてきた会社です。

商売の効率を考えれば、単価が低く小さな案件の受注は避けたいところですが、この会社は年間1600件くらいのリフォーム工事のうち、4割近くは、多くのリフォーム会社が見向きもしない5万円以下の小さな小規模工事だと言います。ドアノブや雨樋《あまどい》の補修でも、顧客が困っていれば駆けつけると言います。

それでなぜ経営が成り立つのかというと、少額の受注でも誠実に対応することで、3年や5年とおつき合いしていくうちに、大型工事のリピート受注を受けることも多いからだそうです。利益よりもお役立ちを第一に考えることで、顧客の信頼を得ているのです。

また、この会社では、ご縁のあった顧客全てに、社員が手書きで感謝の手紙を書くことを徹底しているそうです。そのように信頼関係を築いていくことで、「見積りはいいから、あなたに任せたい」と顧客から言われることもあるようです。

鹿児島にあるスーパーA－Zを展開する株式会社マキオは、地方の地域密着型のスーパーながら、地元消費者から支持され、マスコミでも注目を集める企業です。代表取締役の牧尾英二さんは『利益第二主義―過疎地の巨大スーパー「A－Z」の成功哲学』（ダイヤモンド社）という本で、消費者の利便性を第一に考えて利益は二の次に考える「利益第二主義」経営について書かれています。お客さまが求めるなら、何でも買えるようにしようと、品揃えは国内最多38万アイテム以上で、スーパーながら車まで販売しています。そんなやり方で経営が成り立つのかと思いますが、「A－Zがあまりに気の毒だ。このままでは迷惑をかけるから、おじいさんが車の免許を持っているので、車を買おう」というお客さまに支えられているのだとか。売る・買うという関係ではなく、地域の生活インフラとしてのスーパーをお客さまと一緒に支え合うという奇跡のパートナー関係が育まれているため、会社は順調に成長しているのです。

今の時代、とかく自分が得をすることを考えがちですが、損得抜きで誰かの役に立つことで、巡り巡って自分にチャンスが訪れるというのは、これからの時代の一つのチャンスのつかみ方と言えるのではないでしょうか。

おわりに

一人で全てを抱え込まないこと

職場でメンタル不調を抱える人にインタビューすると、みなさんとても責任感が強く、一人で何でも抱え込んでしまって、自分で自分を責める人が多くいらっしゃいます。

でも、一人で全てを抱え込むことはできません。

「もっと周りに頼ったほうがいいんじゃないの？」と私はいつも言っています。

自分の弱さをさらけ出せて、安心していられる居場所をつくってほしいと思います。安心できる場所にいれば、内向き・後ろ向きだった気持ちが、心が癒されるにつれて前向きな気持ちになってきます。前向きな気持ちになれば、前向きな人たちが、前向きのエネルギー同士で啓発し合い、プラスのエネルギーになっていくはずです。

しかし、愚痴ばかり言う人たちは、同じように後ろ向きな人と集っているケースが多いようです。できれば後ろ向き・内向きな会話をしているコミュニティからは距離を置いて、前向きな気持ちになれる人とだけ、つき合うようにしたいものです。
一人で抱え込まずに、「一緒にやろうよ」と仲間を増やしていけるとよいと思います。

子どもたちに誇れる職場をつくろう

大学で教えていて感じることですが、今の若者たちは本当に将来に希望を持つことができていませんし、弱みを見せないように無理やり繕おうとしているところがあります。これは若者が自己武装に走っているとか、若者がテクニックに走っているという論者もいますが、私はそれだけではないと思います。大人たちがつくった社会に若者たちが反応し、影響を受けているのだと思います。

ですから、大人たち自身が前向きなエネルギーを持ち、職場のいろんな問題を乗り越えて、充実感を得られるような希望の持てる職場をつくらなければいけないと切に思います。

崩壊する職場は、上司が何もしてくれないとか、同僚が悪いとか、他責であることが問題の根源です。まずは、一人ひとりができるところから、小さな改善を始めることで、働きがいがあふれる職場は必ずできると思います。少なくとも、この本で紹介したいくつかの会社ではそのように変化し始めています。そして、その変化は勇気を出して行動した誰か一人から起こっています。

あなたがその一人になっていただけることを願っています。

2016年8月

株式会社ＦｅｅｌＷｏｒｋｓ代表取締役／青山学院大学兼任講師

前川　孝雄

【著者が代表を務める人材育成コンサルティング企業について】

株式会社ＦｅｅｌＷｏｒｋｓ
http://www.feelworks.jp/
※この本のご感想、研修・コンサルティングなどのご依頼、お問い合わせは
info@feelworks.jp TEL 03-6206-2771

●事業内容

この国に「人が育つ現場」を取り戻すために、立場の異なる人間同士の「絆」づくりで人と組織に「希望」をもたらす独自の「コミュニケーション・サイクル理論」をもとに、法人・団体向け人材育成などを支援している。

●主なサービス

■人材開発

【経営者・幹部向けサービス】

・組織力を最大化する「人を活かす経営者ゼミ」
・女性が活躍できる「組織の創り方研修」
・制約を持つ人材を活かす「ワークライフマネジメント経営講座」

【管理職向けサービス】

・部下を育て活かす「上司力研修」シリーズ
（若手を育てる・女性の活躍を支援する・年上の部下を喚起する etc.）
・仲間と続けるアクションラーニング「上司力鍛錬ゼミ」
・部下との信頼関係を構築する「傾聴研修」
・組織を主体的に動かす「ファシリテーション研修」
・部下との面談で思いを引き出す「質問力研修」

【中堅社員・管理職候補層向けサービス】

・組織の中核を担う「プロフェッショナルマインド研修」
・後輩を指導するOJT力を強化「先輩力研修」
・女性のための「組織で活きるコミュニケーション研修」
・誰でも鍛えられる「企画・発想力研修」

【新入社員・若手社員向けサービス】

・ドラマ映像で学ぶ「働く人のルール講座」
・組織人の自覚を持たせる「キャリアコンパス研修」
（内定者・新入社員・3年目社員 etc.）etc.

■組織開発

【社内コミュニケーション活性化支援】

・「人が育つ現場を創る社内報」編集
・社内イベントプロデュース　etc.

【コンサルティング（プロジェクト型・顧問契約型）】

【ファシリテーター派遣】

前川孝雄（まえかわ　たかお）

㈱FeelWorks代表取締役／青山学院大学兼任講師。大阪府立大学、早稲田大学ビジネススクール卒。リクルートを経て、2008年に「人を大切に育て活かす社会づくりへの貢献」を志に起業。「上司力研修」「人を活かす経営者ゼミ」「育成風土を創る社内報」などを手掛け、約300社で人が育つ現場づくりを支援。自らも年間100本超の講演、TV「ワールドビジネスサテライト」「サキどり」出演、YAHOO!「前川孝雄の人が育つ会社研究室」など連載も多数。『上司の9割は部下の成長に無関心』（PHPビジネス新書）、『女性の部下の活かし方』（メディアファクトリー新書）など著書多数。

ベスト新書
528

社員が辞めない、ワクワクする職場
「働きがいあふれる」チームのつくり方

二〇一六年八月二〇日　初版第一刷発行

著者◎前川孝雄

発行者◎栗原武夫
発行所◎KKベストセラーズ
東京都豊島区南大塚二丁目二九番七号　〒170-8457
電話　03-5976-9121（代表）
装幀フォーマット◎坂川事務所
印刷所◎近代美術
製本所◎積信堂
DTP◎アイ・ハブ

ISBN 978-4-584-12528-1 C0230